DEUTSCHLAND IN 101 EREIGNISSEN

Bernd Imgrund

DEUTSCHLAND IN 101 EREIGNISSEN

Ein Reiseführer

Die Deutsche Nationalbibliothek verzeichnet diese Publikation in der Deutschen Nationalbibliografie; detaillierte bibliografische Daten sind im Internet über http://dnb.d-nb.de abrufbar.

Der Konrad Theiss Verlag ist ein Imprint der WBG.

© 2018 by WBG (Wissenschaftliche Buchgesellschaft), Darmstadt
Die Herausgabe des Werkes wurde durch die Vereinsmitglieder der WBG ermöglicht.
Umschlaggestaltung: Stefan Schmid Design, Stuttgart
Umschlagmotiv: Fotolia / Wolfilser
Lektorat: Nicole Janke, Neuhausen a. d. Fildern
Kartografie: Peter Palm, Berlin
Satz: Melanie Jungels, scancomp GmbH, Wiesbaden
Gedruckt auf säurefreiem und alterungsbeständigem Papier
Printed in Germany

Besuchen Sie uns im Internet: **www.wbg-wissenverbindet.de**

ISBN 978-3-8062-3705-4

INHALT

5

ANHANG

VORWORT

Deutschland in 101 Schritten – so lautet die Formel dieses Buches. 101 Ereignisse, die Deutschland veränderten, das meint: historische Meilensteine aus 2000 Jahren, die unserem Land die Richtung wiesen. Da sind zum einen die Schlagworte, die man noch mehr oder weniger vage aus dem Geschichtsunterricht kennt: die Varusschlacht, der Gang nach Canossa, der Prager Fenstersturz oder die Emser Depesche. Aber jenseits von Kirche und Politik, jenseits der Kriege und Schlachten haben auch kulturelle und sportliche Ereignisse dieses Land mit geprägt. Wann kam Johann Sebastian Bach an die Leipziger Thomaskirche? Wissen Sie, unter welchen Umständen Hoffmann von Fallersleben sein „Lied der Deutschen" schrieb, das später zur Nationalhymne aufstieg? Kennen Sie Bertha Benz, die die weltweit erste Fahrt mit einem Automobil unternahm? Und sehen Sie die Parallelen zwischen den beiden Fußballweltmeisterschaften, die zum „Wunder von Bern" und zum „Sommermärchen" mutierten?

Jeder Text wird ergänzt durch ein historisches und/oder ein aktuelles Foto. Und weil Geschichte nicht trockenes Papier bleiben sollte, ist dieses Buch zugleich als Reiseführer gedacht. Sämtlichen 101 Ereignissen sind Orte zugewiesen, an denen man mit der Historie quasi in Kontakt treten kann – seien es die Museen von Worms und Xanten als Erinnerungen an die Nibelungensage, sei es die Steinerne Brücke in Regensburg, von der aus die mittelalterlichen Kreuzzugsheere aufbrachen, oder auch das Hansemuseum in Lübeck, das die Geschichte des größten europäischen Kaufmannsverbundes erzählt.

Geschichte erlesen, Geschichte erleben – auf zweimal 101 Seiten.

Bernd Imgrund

9 n. Chr. | DIE VARUSSCHLACHT

Arminius zwischen Verrat und Befreiung

Als Publius Quinctilius Varus im Jahr 7 nach Christus zum Statthalter Germaniens aufstieg, schien die Eroberung des Landes abgeschlossen. Der römische Feldherr wähnte sich dementsprechend auf sicherem Terrain, als er im Herbst 9 n. Chr. in sein Winterlager nach Xanten aufbrach. Aber der Marsch endete für die siegesgewohnten Römer in einer Katastrophe.

Im Museumsturm von Kalkriese kann man einem fiktiven Gespräch lauschen. Da schimpft der alte Varus seinen germanischen Ziehsohn Arminius einen Verräter. Und so kann man das natürlich auch sehen: Schließlich hatte der Cherusker Arminius jahrelang im römischen Heer gedient, bevor er die Seiten wechselte und seine einstigen Kameraden in einen Hinterhalt lockte. Drei Legionen wurden bei dem blutigen Gemetzel vernichtet, Tausende Soldaten starben, und Varus als der verantwortliche Anführer nahm sich das Leben.

Antike Quellen belegen die Schlacht, ohne zu verraten, wo sie stattgefunden hat. Dass es im Wald bei Kalkriese zu einer kriegerischen Auseinandersetzung zwischen Römern und Germanen kam, belegen die Funde von Militärutensilien und Münzen ziemlich eindeutig. Ob dort wirklich Varus und Arminius aufeinandertrafen, ist allerdings (noch) nicht zu verifizieren. „Quinctilius Varus, gib mir meine Legionen zurück!", soll Kaiser Augustus ausgerufen haben, als er von der Niederlage erfuhr. Letztendlich sorgte die Varusschlacht dafür, dass Rom von weiteren Eroberungen im Norden absah und den Rhein als Ostgrenze akzeptierte. Arminius/Hermann wiederum machte eine späte Karriere als germanisch-nationalistischer Superheld. Das 1875 eingeweihte Hermannsdenkmal im Teutoburger Wald verklärt ihn zu einem Gründervater des Deutschen Reiches – überlebensgroß und in Stein gemeißelt. Zu seinen Lebzeiten jedoch stand es offenbar nicht ganz so gut um seinen Ruf. Schon unmittelbar nach der siegreichen Schlacht war er in massive innergermanische Querelen verwickelt, die den Cherusker im Jahr 21 schließlich das Leben kosteten. Seine Mörder, so der römische Geschichtsschreiber Tacitus, seien „Verwandte" gewesen.

01

Römische Reitermaske im Museum Kalkriese ↗

Das Hermannsdenkmal in Detmold-Hiddesen →

ORTE DER ERINNERUNG In Detmold-Hiddesen steht das gigantische Hermannsdenkmal. In Kalkriese im Osnabrücker Land widmet sich ein hübsches Freilichtmuseum der Geschichte der Varusschlacht. Haltern am See wartet mit der eindrucksvollen Bronzeplastik „Der gescheiterte Varus" auf.

83 | DER LIMES

Deutschlands erste Mauer

Er gilt als das längste Bodendenkmal nach der Chinesischen Mauer: der Limes. Über 550 Kilometer zog sich der römische Schutz- und Trutzwall durch die heutigen Bundesländer Rheinland-Pfalz, Hessen, Baden-Württemberg und Bayern. Bis zu seiner Aufgabe um 260 herum wuchs er sich auf über einhundert Lager und neunhundert Wachttürme aus. Tausende Soldaten sicherten die römischen Grenzen am Ost- beziehungsweise Nordrand der Provinzen Obergermanien und Raetia.

Den meisten Historikern gilt das frühe 2. Jahrhundert als Baubeginn, aber es gab eine wesentliche Vorstufe. Im Jahr 83 hatte der römische Kaiser Domitian (51–96) einen Vorwand genutzt, um wieder einmal über den Rhein zu stoßen. Ziel seines Angriffs waren die Chatten, ein im Gebiet zwischen Taunus, Lahn und Main ansässiger Germanenstamm. Den Römern galten sie als renitent, und Tacitus lobt in seiner „Germania" (siehe Seite 18) die militärische Disziplin der Chatten. Gegen die römische Übermacht konnte die jedoch nichts ausrichten. Bis zum Herbst hatten die römischen Truppen große Gebiete des Stammes unter ihre Kontrolle gebracht. Um diese dauerhaft zu sichern, machte sich Domitian an eine Strukturierung des so schwer zu durchdringenden wie gefährlichen germanischen Waldes. Die römischen Truppen schlugen Schneisen, legten Patrouillenwege an und sicherten diese durch Wälle, Gräben und Barrikaden. Hölzerne Türme in Sichtweite zueinander ergänzten die Befestigungen, im Gebiet des obergermanischen Limes diente statt Wall und Graben eine Steinmauer als Annäherungshindernis.

Eine lange Kette von Limesmuseen bringt heutigen Besuchern das Leben an den Außenstellen des römischen Imperiums nahe. Das RömerMuseum im fränkischen Weißenburg wartet mit einem imposanten Schatz von Götterfiguren und Alltagsgegenständen auf. Im Aalener Limesmuseum erfährt man unter anderem einiges über den Speiseplan der hierhin abkommandierten römischen Soldaten. Und die nahezu komplett wiederaufgebaute Saalburg bei Bad Homburg vermittelt einen Eindruck von ihren Lebensumständen.

Limesmuseum Kastell Saalburg ↗

Der Limesverlauf →

GVILELMVS II FRIDERICI III FILIVS GVILELMI MAGNI NEPOS
ANNO REGNI XV IN MEMORIAM ET HONOREM PARENTVM
CASTELLVM LIMITIS ROMANI SAALABVRGENSE RESTITVIT

ORTE DER ERINNERUNG Neben dem erwähnten Kastell Saalburg, dem Limesmuseum Aalen und dem RömerMuseum Weißenburg existieren zahlreiche weitere museale Stätten. Einen guten Überblick bietet die Website www.deutsche-limeskommission.de.

GERMANIA INFERIOR

Sugambrer

Köln
(Colonia Claudia
Ara Agrippinensium)

Remagen

Tenkterer

Limes

Chatten

Mosel

Treverer

Piesport

Trier
(Augusta Treverorum)

Mainz
(Mogontiacum)

GERMANIA MAGNA

Main

(Moenus)

GALLIA BELGICA

Worms
(Borbetomagus)

Speyer
(Noviomagus)

Rheinzabern
(Tabernae)

(Rhenus)

Hermunduren

Markomannen

Limes

Regensburg
(Castra Regina)

Straßburg
(Argentorate)

Neckar

Passau

Rottweil
(Arae Flaviae)

Rhein

Donau

(Danuvius)

Augsburg
(Augusta Vindelicum)

Schwabegg

Schwabmünchen

Isar

Inn

RAETIA

(Aenus)

GERMANIA SUPERIOR

Kaiseraugst
(Augusta Raurica)

Bodensee
(Lacus Venetus)

Iller

Bregenz
(Brigantium)

Lech

Kempten
(Cambodunum)

Westerndorf

Salzburg

NORICUM

0   20   40   60km

98 | DIE „GERMANIA" DES TACITUS

Eine Beschreibung der ‚alten Germanen'

Man kann es kaum ein Buch nennen. Eher handelt es sich um einen wild collagierten Aufsatz von, je nach Ausgabe, rund 25 Seiten Länge. Und auch inhaltlich bestehen Vorbehalte: Die „Germania" des Tacitus, entstanden um 98 n. Chr., mag heutigen ethno-geografischen Ansprüchen nicht genügen. Aber sie ist eben die einzige zusammenhängende antike Beschreibung jenes Volkes, das die Römer bei ihrem Eroberungsfeldzug gen Donau und Rhein antrafen: eine Vielzahl von Stämmen, aus denen – mit aller gebotenen Vorsicht sei es geschrieben – irgendwann „die Deutschen" wurden.

Der römische Geschichtsschreiber (um 58–120) hielt sie für „ein eigenständiges, reines, nur sich selbst ähnliches Volk" – ein Grund für die Nationalsozialisten, Tacitus zum Zeugen für die rassische Überlegenheit der Deutschen zu berufen. Wer sich dazu versteigt, muss jedoch vieles andere in diesem Text systematisch überlesen. Zum Beispiel, dass man es hier mit einem „wüsten Land mit rauem Himmel, abschreckend für den Anbau und den Anblick" zu tun habe; oder dass diese tapferen Krieger, so Tacitus, alle Arbeit den Frauen, Greisen und Schwachen überlassen und zum von Fressen, Saufen und dem Würfelspiel begleiteten Müßiggang neigen.

03

Fast anderthalb Jahrtausende schlummerte die einzige erhaltene Abschrift der „Germania" im hessischen Kloster Hersfeld, bevor man sie wiederentdeckte. Fortan bastelte jede Epoche an ihrem eigenen Germania-Bildnis, um es in Einklang mit den jeweils vorherrschenden Ansichten zu bringen. Über die Jahrhunderte entwickelte es sich immer chauvinistischer, kulminierend in der absurden Abfeier durch Nazis wie den glühenden Tacitus-Verehrer Heinrich Himmler.

Sehr wahrscheinlich hat Tacitus Germanien nie gesehen. Seine Beschreibungen basieren wohl auf älteren Schriften und Abgelauschtem, und sie reflektieren im Positiven wie im Negativen eher römische Verhältnisse, als wirklich abbilden zu wollen. Dennoch lohnt sich seine Schrift bis heute zu lesen, allein schon wegen aphoristischer Blüten wie dieser: „Für Frauen gilt das Trauern als angebracht, für Männer das Gedenken."

Die Abteilung für Vor- und Frühgeschichte im Germanischen Nationalmuseum Nürnberg ↗

Tacitus-Skulptur vor dem Parlamentsgebäude in Wien →

ORTE DER ERINNERUNG Das Verhältnis von Römern zu Germanen spiegelt sich in vielen entsprechenden Museen, allen voran das Germanische Nationalmuseum in Nürnberg. Die älteste Abschrift der Germania ist im Besitz der Nationalbibliothek in Rom.

11. Juli 212 | DIE CONSTITUTIO ANTONINIANA

Gleiches Recht für (fast) alle

Marcus Aurelius Severus Antoninus (188–217) ging unter dem Namen Caracalla in die Geschichte ein. Für die Nachwelt steht er in einer Reihe mit Skandalcäsaren wie Caligula und Nero. Auch seinen Zeitgenossen galt er als Ungeheuer: „Drei Rassen gehörte Antoninus an, besaß aber überhaupt keine einzige ihrer guten Eigenschaften, sondern vereinigte vielmehr in sich deren sämtliche Fehler: die Unbeständigkeit, die Feigheit und die Verwegenheit der Gallier, die Härte und Grausamkeit der Afrikaner und die Verschlagenheit der Syrer, von denen er mütterlicherseits abstammte", schrieb der Senator Cassius Dio (163–229). Betrachtet man seine Biografie, so war Caracalla tatsächlich ein rücksichtsloser Diktator, Bruder- und Massenmörder. Aber er hinterließ dem Römischen Reich zugleich eine Reform von welthistorischem Rang: die Constitutio Antoniniana.

04

Das wahrscheinlich am 11. Juli 212 erlassene Dekret verfügt die Verleihung des römischen Bürgerrechts (*civitas Romana*) an alle freien Männer des Imperiums. Cassius Dio unterstellt dem Kaiser rein finanzielle Motive – auf die Eingebürgerten kamen nun einige neue Steuern zu. Seine Wirkung indes war immens: Das europäisch-afrikanisch-asiatische Riesenreich funktionierte fortan nach einem vereinheitlichten Rechtssystem.

Schon in den Jahrhunderten zuvor hatte das römische Bürgerrecht Grenzen überwunden. Römisch gegründeten Städten wie Köln etwa war die *civitas Romana* pauschal zugesprochen worden. Auch Soldaten mutierten mit ihrer Entlassung, wo immer sie wohnten, zu Vollbürgern mit aktivem und passivem Wahlrecht. Wurden die Provinzler zuvor in Hilfstruppen organisiert, konnten sie nun ohne Umstände in die reguläre Armee eintreten und dort Karriere machen. Auch jenseits des Militärs verbesserten sich ihre Aufstiegschancen, zum Beispiel durch die Übernahme von Staatsämtern. Caracalla selbst wiederum wies seinen Akt als Dank an die Götter aus. Bloßes Kalkül natürlich, denn der Eigennutz liegt offen zutage: Mit der Constitutio Antoniniana hatte er sich auf einen Schlag ein paar Millionen neue Freunde gemacht.

Die Constitutio Antoniniana, Papyrus-Exemplar der Universitätsbibliothek Gießen ↗

Die Caracalla-Thermen in Rom →

ORTE DER ERINNERUNG Die Papyrussammlung der Universitätsbibliothek Gießen enthält eine Teilabschrift des Gesetzestextes, entstanden um 215. In Rom erinnern die imposanten Überreste der Caracalla-Thermen an den Kaiser.

260 | DAS ENDE DES LIMES

Abgewrackt, überrannt und aufgegeben

Während der Niedergermanische Limes identisch mit dem Rheinverlauf war, begann ab der Ortschaft Rheinbrohl sein steinerner Teil, benannt nach den benachbarten Provinzen Germania superior und Raetia (Obergermanien und Rätien, siehe auch Seite 16). In der unruhigen Zeit der römischen Soldatenkaiser (235–285) nahm der Druck auf die Grenzen des Reiches allerorten zu. Ab den 220er-Jahren mussten große Truppenverbände vom Limes gen Persien verlegt werden, wo man die Sassaniden bekämpfte. Dies wiederum nutzten, lange vor der Völkerwanderung (siehe Seite 30), verschiedene Germanenstämme für immer neue Einfälle. Maximinus, ab 235 erster Soldatenkaiser, führte noch einmal einen erfolgreichen Feldzug bis tief nach Niedergermanien hinein. Wahrscheinlich ließ er auch Teile des Limes weiter befestigen. Mangelnde Wartung und Besetzung sowie das allmähliche Aufweichen der Grenze beförderten jedoch in der Folge dessen Verfall. 259 und 260 schließlich überrannten Franken und Alemannen den Wall ohne größere Probleme und drangen in der Folge bis nach Spanien beziehungsweise Italien vor.

Im August 1992 fand man knapp südlich des römischen Augsburg einen 1,56 Meter hohen, bearbeiteten Stein. Er war mit Reliefs verziert und diente wahrscheinlich einst als Basis für ein Standbild der Göttin Victoria. Wegen seiner sakralen Form bekam er den Namen „Augsburger Siegesaltar". Geweiht am 11. September 260, erzählt seine Inschrift von einem vielleicht letzten Sieg der Römer in Zeiten des Limes, in diesem Fall gegen die (wohl ebenfalls alemannischen) Juthungen. In der Schlacht südlich von Augsburg seien viele Barbaren getötet und ihre italischen Gefangenen befreit worden, heißt es dort weiter. Dass hier zugleich dem Kaiser Postumus gehuldigt wird, belegte erstmals die temporäre Zugehörigkeit der Provinz Raetia (grob: das nördliche Alpenvorland) zum Gallischen Sonderreich (260–269) des in Köln gekrönten Herrschers. Darüber hinaus jedoch gibt der Altar Zeugnis von jener krisenhaften Ära des Römerreiches, in der sein ambitioniertestes Bollwerk, der Obergermanisch-Rätische Limes, aufgegeben wurde.

05

Der Augsburger Siegesaltar →

IN H D D

DEAE SANCTAE VICTORIAE
OB BARBAROS GENTIS SEMNONVM
SIVE IVHTVNGORVM DIE
VIII ET VII KAL MAIAR CAESOS
FVGATOS QVI AMILIBVS PROV
RAETIAE IEL IGERMANICIANIS
HEMQVE POPVLARIBVS EXCVSSIS
MVLTIS MILIBVS ITALORVM CAPTIVOR
COMPOSVIORVM SVORVM

IVBENS MERITO POSVIT
DEDICATA III IDVSS SEPEMB IMP D N
G II

321 | DIE ÄLTESTE JÜDISCHE GEMEINDE

Von der ersten Ansiedlung zur MiQua

Als man sich in Köln an den Wiederaufbau der im Krieg zerstörten Innenstadt machte, stieß man auf eine Vielzahl antiker und mittelalterlicher Gebäude. Neben Resten des römischen Prätoriums, des einstigen Statthalterpalastes für Niedergermanien, ragte vor allem der Fund der jüdischen Mikwe heraus. Die frühesten Teile des Ritualbades stammen aus dem 8. Jahrhundert, aber jüdisches Leben existierte am Rhein schon lange davor. Den bislang ältesten Beleg für eine jüdische Gemeinde in Deutschland liefert ein Dekret Kaiser Konstantins aus dem Jahr 321 an die Obrigkeit der Stadt Köln. Es regelt die Beteiligung von Juden an der Ratsarbeit.

Der Kölner Gemeinde, so es denn die erste war, sollten viele weitere folgen. Nicht zu allen Zeiten standen ihnen ihre christlichen Mitbürger dezidiert feindlich gegenüber. Aber die friedliche Koexistenz ruhte stets auf dürren Beinen. Schon für das Jahr 1096, anlässlich des Ersten Kreuzzuges, sind gewaltsame Ausschreitungen gegen Juden aktenkundig (siehe Seite 60). Viele weitere Pogrome sollten folgen – motiviert durch Aberglaube, Habsucht und/oder puren Rassismus. Die traurigen Höhepunkte bildeten die Massenmorde während der Pestepidemie Mitte des 14. Jahrhunderts (siehe Seite 78), nur noch übertroffen durch die Vernichtungspolitik der Nationalsozialisten ab 1933.

Von der Zäsur des Holocaust gab es kein Zurück in die Vorkriegszeit. Trotz manchem Rückkehrer blieb die Anzahl von Juden in deutschen Landen verschwindend gering, ebenso ihr gesellschaftlicher Einfluss und ihre einst immense Bedeutung für Wirtschaft und Kulturleben. Immerhin: Wie in anderen Metropolen organisierten sich auch die Kölner Juden nach 1945 neu in einer Synagogen-Gemeinde. In der Stadt der womöglich ältesten jüdischen Bürgerschaft begann man 2012 aufs Neue mit intensiven Grabungsarbeiten. Eine begehbare, jüdisch-mittelalterliche „Unter"-Welt soll entstehen, gekrönt von einem Jüdischen Museum. Errichtet wird es direkt auf dem Rathausplatz – genau dort, wo irgendwann vor 321 alles begann.

Die Verbrennung der Juden, Illustration aus dem Liber Chronicarum (1493) ↗

Das Jüdische Museum in Berlin →

ORTE DER ERINNERUNG Jüdische Museen sowie Gedenkstätten und Denkmäler zum Holocaust gibt es zahlreiche. Hervorgehoben seien das Jüdische Museum Berlin und jenes in Dorsten/Westfalen. Die MiQua (Museum im Quartier) getaufte Museumslandschaft in der Kölner Innenstadt soll 2019 ihre Pforten öffnen.

406 | DER RHEINÜBERGANG DER GERMANEN

Der Anfang vom Ende des Weströmischen Reiches

Die Mainzer Römerbrücke lag etwa 30 Meter flussaufwärts der heutigen Theodor-Heuss-Brücke. Erbaut im ersten Jahrhundert, hatte sie Kaiser Julian im Jahr 357 noch einmal erneuern lassen. Aber die Tage der römischen Herrschaft über Germanien waren da längst gezählt. Mit der Teilung in West- und Ostrom, die sich ab 395 verfestigte, verlor das Imperium seine zentralistische Gewalt. Die Grenzen brannten, Bürgerkriege und eine dekadente Oberschicht verstärkten die Ebbe in den öffentlichen Kassen. Die ab 375 beginnende Völkerwanderung (siehe Seite 30) und die damit verbundenen Einfälle germanischer Stämme taten ein Übriges, um das Reich zu schwächen.

Bereits 405 war der Gote Radagaisus, bedrängt von den aus dem Osten vorrückenden Hunnen, in Italien eingefallen. Mit seinen 20000 Kriegern legte er eine Spur der Verwüstung. Erst der weströmische Feldherr Stilicho schlug ihn

07

in der Schlacht bei Faesulae (heute: Fiesole, nahe Florenz) vernichtend. Der Sieg ging allerdings auf Kosten der Grenzsicherung am Rhein, wo man Truppenverbände hatte abziehen müssen. Dies nutzte im Winter 406/07 ein laut historischen Quellen recht bunter Haufen von Germanen und verbündeten Stämmen, um in ein anderes, vielleicht besseres Leben im Linksrheinischen überzusetzen. Ob sie dafür die alte Römerbrücke zu Mainz benutzten oder ob der Fluss in jenen Dezembertagen womöglich tragfähig vereist war, spielt letztlich keine Rolle. Der Kirchenvater und Chronist Hieronymus (347–420) beschreibt die Eindringlinge als „von äußerster Wildheit". In Mainz seien „viele Tausend niedergemetzelt" worden, die Stadt sei wie Worms, Reims, Amiens und diverse weitere erobert und zerstört.

Der Rheinübergang der Germanen 406 sollte die Grenzen des weströmischen Teilreichs nachhaltig erschüttern. Schon 410 sollte Rom erstmals seit 800 Jahren wieder besetzt und geplündert werden. Zwar blieb dann die ideelle Einheit mit dem oströmischen Konstantinopel noch einige Jahrzehnte gewahrt. Aber mit der Machtübernahme des Germanen Odoaker im Jahr 476 war das weströmische Kaisertum endgültig Geschichte.

Bronzeplakette am linksrheinischen Pfeiler der Brücke ↗

Die Theodor-Heuss-Brücke in Mainz →

RÖMISCHE RHEINBRÜCKE

ERBAUT ZWISCHEN 71 UND 92 n. CHR. VON DER 14. LEGION,
ERNEUERT 397 UNTER KAISER JULIAN. ÜBERSPANNTE ca.
50 m STROM AUF DEM RHEIN MIT EINER HOLZERNEN BO-
GENKONSTRUKTION ÜBER FÜNFECKIGE STEINPFEILER,
DIE AUF PFAHLROSTE AUF TIEF IN DEN FLUSSGRUND
GERAMMTEN EICHENSTÄMMEN STANDEN.

ORTE DER ERINNERUNG Am linksrheinischen Pfeiler der Mainzer Theodor-Heuss-Brücke ist eine Bronzeplakette zur Erinnerung an den Rheinübergang 406 angebracht. Das Mainzer Römisch-Germanische Zentralmuseum soll ab 2020 in einem im Bau befindlichen Archäologischen Zentrum aufgehen.

436 | DIE ZERSTÖRUNG BURGUNDS ...

... als Geburt der Nibelungensage

Jacob Hermann Obereit war seit 1752 Hebammenmeister der Stadt Lindau am Bodensee. Sein literaturhistorisches Interesse führte ihn am 29. Juni 1755 in die Schlossbibliothek zu Hohenems. Von der dort gemachten Entdeckung schrieb er seinem Freund, dem renommierten Philologen Johann Jakob Bodmer: „Zwei alte eingebundene pergamentene Codices" habe er in Händen gehalten, von denen der eine „weitläufig Heldengedichte zu enthalten scheint, von der burgundischen Königin oder Prinzessin Chriemhild, der Titel aber ist Adventure von den Gibelungen". Die Tragweite des Fundes erkannte erst Bodmer richtig, der im übrigen Obereits Anteil daran unterschlug. Denn was da nach rund 600 Jahren Dornröschenschlaf wieder zum Vorschein kam, war nichts anderes als die heute als Nibelungenhandschrift C bekannte Version des germanischen Heldenepos, des Nibelungenliedes.

Seine historischen Wurzeln hat der Stoff im Untergang des rheinischen Burgunderreiches. 407 hatte sich der von Osten eingewanderte Germanenstamm am Mittelrhein niedergelassen – hier wie bei den Nibelungen spielte Worms eine zentrale Rolle. Schon 436 jedoch wurden die Burgunder von den Römern in einer äußerst blutigen Schlacht aufgerieben – vor allem dank der hunnischen Hilfstruppen der Römer. Der bekannteste Herrscher der Hunnen wiederum hieß seinerzeit Attila, der als Etzel im Nibelungenlied gemeinsam mit seiner Frau Kriemhild die germanischen Recken bis auf den letzten Mann vernichtet.

1782 erstmals gedruckt, mutierte die mittelalterliche Schauermär im 19. Jahrhundert zu einem Instrument des erstarkenden deutschen Nationalismus. Der Stoff wird populär, liegt aus in den Lesestuben des Bürgertums, Soldaten tragen ihre Ausgabe im Tornister mit auf die Schlachtfelder. Siegfried und seine Gesellen, die tapfer-tragisch-trickreichen Kämpen des Nibelungenliedes, gelten fortan als Urbilder deutschen Stolzes und deutscher Tapferkeit. Wer allerdings die Geschichte dieser Verräter, Brudermörder und Vergewaltiger wirklich gelesen hat, den muss das – zumindest aus heutiger Sicht – doch ein wenig befremden.

Seite aus der Nibelungenhandschrift C, Strophen 667–679:
„Nu daht ouch alle cite daz Gunthers wip (…)" ↗

Das Nibelungenmuseum in Worms →

08

ORTE DER ERINNERUNG Sowohl Worms (Sitz der Burgunder/Nibelungen) als auch Xanten (Geburtsstadt Siegfrieds) unterhalten ein Nibelungen- bzw. Siegfried-Museum. Die Handschrift A wird in der Bayerischen Staatsbibliothek aufbewahrt, die Handschrift B in der Stiftsbibliothek St. Gallen, die Handschrift C in der Badischen Landesbibliothek Karlsruhe.

20. Juni 451 | DIE SCHLACHT AUF DEN KATALAUNISCHEN FELDERN

Das Ende des Hunnen-Vormarsches

Im Völkerwanderungsraum des Neuen Museums Berlin steht eine manns-
große Kultfigur. Im 5. Jahrhundert, als die eicherne Skulptur entstand, waren die Germanen längst ein mächtiges Volk, angeführt von den fränkischen
Merowingern im Norden und den Alemannen im Süden des heutigen
Deutschland. Dass sie dort siedelten, dafür war jedoch ein anderes, zeitweise
mächtigeres Volk verantwortlich: die Hunnen.

Selbst aus dem noch ferneren Asien vertrieben, setzten sie sich ab 374 gen
Westen in Bewegung. Dank unbekannter Kriegstechniken und vor allem ihrer Reitkünste überrollten sie ein Germanenvolk nach dem nächsten. Wer
sich nicht zur Heerfolge entschloss, wurde vernichtet. Viele Stämme suchten
deshalb ihr Heil in der Flucht. Europa geriet in Bewegung, heute würde man
von einer riesigen Migrationswelle sprechen. Die Bezeichnung, die sich für die
Geschehnisse des 4. und 5. Jahrhunderts eingebürgert hat, ist „Völkerwanderung". Wo die fliehenden Germanen sich niederließen, entstanden neue Reiche. Die bröckelnde Herrschaft der Römer hatte dem nicht viel entgegenzuset-
zen. Einmal jedoch sollten die alten Herren noch zeigen, dass sie in der Lage
waren, einen scheinbar übermächtigen Angriff abzuwehren. In der Schlacht
auf den Katalaunischen Feldern stellte sich ein im Wesentlichen römisch-west-
gotisches Heer der bunten Allianz der Hunnen unter ihrem Anführer Attila
entgegen. Die einen sehen darin bis heute die heroische Verteidigung Europas, die anderen lediglich einen Machtkampf zwischen dem römischen Heer-
meister Aëtius und Attila. So oder so endeten mit der Schlacht die hunnischen
Eroberungen und damit auch die Völkerwanderung.

Heutigen Schätzungen zufolge standen sich in jener Ebene irgendwo zwischen Orléans und Troyes rund 100 000 Soldaten gegenüber. Militärhistori-
ker gehen davon aus, dass Attila mehrere strategische Fehler beging, die ihn
den Sieg kosteten. Politische Erwägungen führten dazu, dass Aëtius ihn ziehen
ließ und der legendäre Hunnenkönig eines natürlichen Todes sterben konnte.

Germanische Kultfigur im Neuen Museum Berlin ↗

„Die Hunnenschlacht", Fotoreproduktion nach dem Karton (1845/65)
von Wilhelm Kaulbach →

ORTE DER ERINNERUNG Raum 206 des Neuen Museums in Berlin ist der Völkerwanderung gewidmet, im Treppenhaus des Neuen Museums findet sich auch das Wandbild „Die Hunnenschlacht". Franz Liszt setzte das Thema mit seiner Sinfonie „Die Hunnenschlacht" 1857 musikalisch um.

25. Dezember 496 | CHLODWIG WIRD CHRIST

Franken gegen Alemannen

Die Christenverfolgung im Römischen Reich endete 311 mit dem Toleranzedikt des Galerius (ausgerechnet des Ober-Verfolgers). Ein Jahr später bestätigte die auch als Mailänder Toleranzedikt bezeichnete Abmachung der beiden
römischen Kaiser Konstantin für die westlichen Reichsteile und Licinius für
den Osten des Weltreichs allen Untertanen die freie Ausübung ihres Glaubens. Am 27. Februar 380 erklärte Kaiser Theodosius I. das Christentum gar
zur Staatsreligion. Bis sich auch ein führender unabhängiger Germane zum
neuen Gott bekannte, sollte jedoch noch ein gutes Jahrhundert vergehen.

Auf der Chlodwigstele bei Zülpich sitzen heutzutage gern die Krähen und
spähen über die Felder der Wollersheimer Heide. Von ihrer erhabenen Warte
aus mögen sie allerlei Viehzeug jagen. Im Jahr 496 jedoch hätten sie sich womöglich an blutigem Fleisch laben können. Denn wenn der Geschichtsschreiber Gregor von Tours (538–594) die Wahrheit berichtet, fand hier die berühmte
„Bekehrungsschlacht" der Franken gegen die Alemannen statt. Chlodwig, Anführer der Salfranken aus dem Geschlecht der Merowinger, war dem Rheinfran-
ken Sigibert von Köln zu Hilfe geeilt. Als sich das Schlachtgetümmel zugunsten
der Alemannen zu wenden schien, soll Chlodwig einen Schwur geleistet haben:
Im Falle eines Sieges, so der Heide, wolle er sich zum Christentum bekehren.

Die vereinigten Franken gewannen schließlich diese bedeutendste von mehreren Schlachten gegen die süddeutschen Alemannen. Bald darauf, am 25. Dezember 496 oder 498, habe Chlodwig sein Versprechen wahrgemacht. „Bete
an, was du verbrannt hast, verbrenne, was du angebetet hast", soll Bischof Remigius bei der Taufe in Reims zu ihm gesagt haben. Daraufhin sei eine weiße
Taube vom Himmel herabgeflogen, das Salböl im Schnabel.

Die Christianisierung eines wichtigen Teils der Franken befriedete das wachsende Frankenreich im Inneren. Weitere Siege Chlodwigs begründeten die
Herrschaft der fränkischen Merowinger. Bis zu ihrem Ende im 8. Jahrhundert
sollten sie ein Gebiet beherrschen, das mehr oder weniger dem späteren Deutschen Reich und Frankreich entsprach (siehe Seite 52). Um es also mit ein wenig
Chuzpe zu sagen: Chlodwig war ein früher Wegbereiter des modernen Europa.

Bischof Remigius von Reims tauft Chlodwig, Buchmalerei aus den Grandes
Chroniques de France (14. Jh.). ↗

Chlodwigstele bei Zülpich →

Reim archeuesque de Rams ·

Es fur sour reim sub

ORTE DER ERINNERUNG Getauft wurde Chlodwig in der Kathedrale von Reims, vor der auch seine Statue steht. Begraben liegt er in St. Denis bei Paris. Seinen berühmten Schwur tat er angeblich auf dem Schlachtfeld in Langendorf bei Zülpich, wo seit 1999 eine von Ulrich Rückriem gefertigte Chlodwigstele steht.

ab 500 | DIE ZWEITE LAUTVERSCHIEBUNG

Maken und Machen, Appel und Apfel

Die „Benrather Linie" bezeichnet eine Isoglosse, also eine Sprachgrenze. Benannt wurde sie nach jenem südlichen Stadtteil Düsseldorfs, der für sein Rokoko-Schloss aus dem späten 18. Jahrhundert berühmt ist (siehe Foto rechts). Die Damen und Herren des Benrather Schmuckstücks mögen auf ihren Reisen früher oder später wahrgenommen haben, dass da eine seltsame Trennlinie verlief: Während man in Düsseldorf noch von *Maken* sprach, sagten die Kölner inzwischen *Machen.*

Die Zweite Lautverschiebung breitete sich ab etwa 500 von Süden her aus und hielt rund 300 Jahre an. Die ungefähre Trennlinie verlief von Eupen im Westen über Benrath (wo sie den Rhein überschritt) und Kassel bis nach Berlin und Posen. Abhängig von der Position im Wort wurde *k* zu *ch,* das *p* zu *pf,* *f* oder *ff* und das *t* zu *z, s* oder *ss.* Wie *maken* zu *machen* mutierte, so *Dorp* zu *Dorf* und *ik* zu *ich.* An den genannten Grenzen verebbte die Welle, nördlich davon verweigerten sich die Menschen der erneuten Lautverschiebung. Dort hieß es weiterhin *Water* statt *Wasser* und *geven* statt *geben* – ein Beharren, das sich heute noch in norddeutschen Dialekten genauso wie im Englischen (*water, to give*) spiegelt.

Heutzutage sind die Grenzlinien unscharf geworden, wenn nicht gänzlich verschwunden. Regionalidiome sind allerorten auf dem Rückzug, Sprachen werden durch Migration und Mobilität internationaler. Auch im frühen Mittelalter mag der eine noch eine Weile beim gewohnten *Perd* geblieben sein, während der südliche Nachbar schon *Pferd* sagte. Die 1. Lautverschiebung (um 500 v. Chr.) hatte das Germanische von den übrigen indogermanischen Sprachen abgegrenzt. Was wir heute Hochdeutsch nennen, kam mit der Zweiten Lautverschiebung auf den Weg, die das Deutsche auf andere Gleise führte als die Mehrheit der germanischen Sprachen und Dialekte. Dass hier die Wiege der deutschen Sprache liegt, ist inzwischen Konsens. Nur wie es dazu kam, weiß niemand genau. Eine Vermutung besagt, es sei durch modische Abschleifung und Anverwandlung fremder Lautmuster geschehen – ähnlich den heutzutage durch Anglizismen hervorgerufenen Mutationen.

Schloss Benrath ↗

Sprachgrenzen im deutschsprachigen Raum. Rot: die Benrather Linie →

ORTE DER ERINNERUNG Erinnerungsorte zu finden, ist bei diesem Thema schwierig. Im übertragenen Sinne erinnert allerdings jedes deutschsprachige Buch an die Zweite Lautverschiebung.

NORDSEE

OSTSEE

Nord-
friesisch

Kiel

Lübeck

Rostock

Cuxhaven

Mecklenburgisch

West-
friesisch

Saterländ.

Hamburg

Stettin

Nordniedersächsisch

Bremen

Elbe

Hannover

Weser

Oder

Märkisch

Berlin

Frankfurt/Oder

Osnabrück

Ostfälisch

Münster

Goslar

Magdeburg

ieder-
nkisch

Westfälisch

ik

ik

appel

pund

Dortmund

Leipzig

Ober-
sächsisch

Sorbisch

maken

dorp

(p)fund

ich

Ripuarisch

Kassel

Thüringisch

Dresden

Lausitzisch

Köln

machen

ich

Erfurt

Jena

Eupen

Marburg

machen

Hessisch

Koblenz

appel
pund

Rhein

Moselfränkisch

Frankfurt

Ostfränkisch

Prag

Trier

Mainz

Main

appel

Bamberg

0   50   100   150 km

Rhein-
fränkisch

Würzburg

Speyer

apfel

Nürnberg

Südfränkisch

Nordbairisch

Friesisch

Saarbrücken

Karlsruhe

ich machen dorf

apfel pfund

Straßburg

Stuttgart

Regensburg

Niederfränkisch,
Niederdeutsch

Niederalemannisch

Tübingen

Ulm

Mittelbairisch

Augsburg

Isar

Donau

Benrather Linie

Freiburg

Ulm

Schwäbisch

München

Mittel-
deutsch

Hoch-
deutsch

Basel

Zürich

Salzburg

Ober-
deutsch

Hoch-
alemannisch

Süd bairisch

Inn

Sprach-
grenze zum Romani-
schen, Slawischen u.
Dänischen

613/625 | PIPPIN WIRD HAUSMEIER

Der Stammvater der Karolinger

Pippin der Ältere (um 580–640) gilt in mehrerlei Hinsicht als eine der zentralsten Figuren im Übergang von der Spätantike zum frühen Mittelalter. Genealogisch betrachtet hat er das Karolingergeschlecht auf den Weg gebracht. Er ist der Urgroßvater Karl Martells, dem zwei Generationen später Karl der Große folgte (siehe Seite 48 und 50). Karl Martell war namengebend für die Karolinger, die ab 751 (Pippin der Jüngere) die fränkischen Könige stellten und das wachsende, aber auch immer wieder geteilte Reich bis 987 (Ludwig V.) beherrschten. Dass es Pippin gelang, diese Geschichte einzuläuten, hängt entscheidend mit seiner Rolle als Hausmeier von „Austrien" zusammen. Diese Portion des Frankenreiches umfasste große Teile des heutigen Frankreich und Deutschland.

Der Hausmeier oder Majordomus fungierte im frühen Mittelalter zunächst als Verwalter eines adeligen Hofes. Im Laufe des 6. Jahrhunderts wuchsen Einfluss und Umfang des Amtes, vor allem merowingische Herrscher vertrauten ihrem Hausmeier immer mehr Aufgaben an. Bald stiegen diese selbst zu Adeligen auf, ernannten Beamte und schlossen Verträge. Zu Zeiten Pippins des Älteren fungierten sie schon als eine Art Kanzler, der seinem eigentlichen Herrn, dem jeweiligen Merowingerkönig, längst an Macht und politischem Durchblick überlegen war.

613 hatte Pippin dazu beigetragen, König Chlothar II. die Gesamtherrschaft über das Frankenreich zu verschaffen. Spätestens ab 625 bekleidete er dann offiziell das Amt als dessen Majordomus. Aus der Hochzeit seiner Tochter Begga mit einem Sohn Arnulfs, des Bischofs von Metz, ging Pippin der Mittlere hervor. Er sollte das Frankenreich faktisch von 679 bis 714 regieren. Pippin dem Jüngeren (714–768) blieb es schließlich vorbehalten, das Werk seines Ururgroßvaters zu vollenden und die pippinidischen Hausmeier auf den Königsthron zu führen. Mit dem Segen des Papstes ließ sich der Sohn Karl Martells im November 751 in Soissons zum neuen König der Franken wählen. Den letzten Merowinger, Childerich III., erklärte er schlicht für abgesetzt.

Skulptur Pippins des Jüngeren auf der Alten Mainbrücke in Würzburg (um 1730) →

ORTE DER ERINNERUNG Über das Grab Pippins des Älteren ist nichts bekannt. Das Grabmal Pippins des Jüngeren liegt in der Basilika St. Denis bei Paris, eine überlebensgroße Statue von ihm steht auf der Alten Mainbrücke in Würzburg. Unter Pippin dem Jüngeren wurde die Abtei Prüm in der Eifel zum Hauskloster der Karolinger.

26. (?) Oktober 732 | DER SIEG ÜBER DIE MAUREN

Karl Martell und die Schlacht bei Tours und Poitiers

Im Jahr 711 waren arabische Heerscharen in Andalusien eingefallen. Binnen acht Jahren brachten sie große Teile der Iberischen Halbinsel unter ihre Kontrolle. 732 überquerte einer ihrer Führer, Abd ar-Rahman I., mit einem Heer die Pyrenäen. Er verwüstete Bordeaux und schlug die Truppen des aquitanischen (südfranzösischen) Herzogs Eudo vernichtend. Karl Martell (um 688–741), als Hausmeier königsgleicher Herrscher der Franken (siehe Seite 36), rief in dieser Situation die oberitalienischen Langobarden zu Hilfe, um sich den Muslimen entgegenzustellen.

Im Örtchen Moussais bei Poitiers, mutmaßlich der Kampfplatz, hat man in die Gedenkstätte eigens ein großes Schachspiel integriert. Es soll an die strategische Finesse Karls erinnern. Mit seinen lediglich 15 000 Mann soll er dort einer großen Übermacht von Arabern gegenübergestanden haben. Diese waren zudem überwiegend beritten, während die Franken zu Fuß kämpften. Sieben Tage, so sagt man, standen sich die Heere im Westen Frankreichs gegenüber, bevor die Spannung sich in einem heftigen Gefecht entlud. Rund 10 000 Soldaten kamen dabei ums Leben, unter ihnen der Heerführer der Araber, Abd ar-Rahman. Noch in der Nacht flohen seine Truppen vor dem Feind, und Karl fand ihr Lager am nächsten Morgen verlassen vor.

Schon das 9. Jahrhundert verpasste dem Sieger seinen Beinamen: Karl „der Hammer" Martell. Bis in die jüngste Zeit wurde er von der Geschichtsschreibung einhellig als „Retter des Abendlandes" gefeiert. Mit seinem Erfolg auf dem Schlachtfeld habe der Großvater Karls des Großen das weitere Vordringen der Araber und damit den Sieg des Islam über das Christentum verhindert. Ob jedoch die späteren Universitäten von Oxford und Köln andernfalls tatsächlich den Koran statt die Bibel exegiert hätten, wird heute bezweifelt. Möglicherweise handelte es sich bei dem Vorstoß der Araber ins Frankenreich lediglich um einen Beutezug, nach dem sich ar-Rahman wieder gen Spanien zurückgezogen hätte. So oder so jedoch beschränkte die Schlacht von Tours und Poitiers den Einfluss der Muslime im Frankenreich. In Spanien hingegen hielten sie sich noch bis 1492.

Blick in die Basilika von St. Denis ↗

Die Schlacht von Poitiers, Gemälde von Carl von Steuben (1837) →

ORTE DER ERINNERUNG Auf dem mutmaßlichen Schlachtfeld bei Moussais wurde eine Gedenkstätte angelegt. Karl Martells Grabmal befindet sich in der Basilika von St. Denis.

21. April 742 | DAS CONCILIUM GERMANICUM

Bonifatius, genannt „Apostel der Deutschen"

Winfried, genannt Bonifatius, wusste offenbar genau, wie man den Glauben in Szene setzt. Sein Denkmal vor dem Fritzlarer Dom zeigt ihn mit einer gewaltigen Axt in der Hand. Eigenhändig soll er hier anno 723 die Donareiche gefällt haben, ein Heiligtum der Heiden. Zwar befand sich der Landstrich seinerzeit unter fränkischer, mithin christlicher Herrschaft. Aber der angestammte heidnische Glaube samt seinen Riten war noch weit verbreitet. Möglicherweise haben die Ungläubigen neugierig-ängstlich dabeigestanden, als Bonifatius sich ans Werk machte. Dass der Baum fiel, ohne eine prompte Götterstrafe nach sich zu ziehen, wird ihnen imponiert haben.

Mit knapp 1,90 Metern war der gebürtige Angelsachse (um 673–754) für seine Zeitgenossen ein Riese. Seine Erfolge als Missionar konnten mit der imposanten Statur jedoch nicht ganz Schritt halten. In seiner Bilanz finden sich veritable Misserfolge, gleich seine erste Missionsreise zu den heidnischen Friesen unter ihrem legendären Anführer Radbod endete im Desaster.

Bedeutung erlangte der „Apostel der Deutschen" eher als Religionspolitiker. 742 berief er, in seiner Funktion als Missionserzbischof, erstmals eine Reformsynode ein. Dem Concilium Germanicum sollten viele weitere Bischofsversammlungen folgen. Unter anderem beschloss man damals, falschen Priestern und predigenden Laien das Handwerk zu legen. Stets fanden die Treffen in enger Abstimmung mit den fränkischen Herrschern statt. Auch Karl der Große sollte noch von den christlichen Ankern profitieren, die Bonifatius und andere Missionierer überall im Reich ausgelegt hatten.

„Mit Bonifatius begann gewissermaßen die Geschichte des Christentums in Eurem Land", sagte Papst Johannes Paul II. anlässlich seines Besuches 1980 in Fulda. Sein „gewissermaßen" relativiert die Aussage zugleich, und das wohl zu Recht. Obwohl er, erschlagen von heidnischen Räubern, als Märtyrer starb, ebbte die Bonifatius-Verehrung im Laufe des Mittelalters ab. Erst der Nationalismus des 19. Jahrhunderts entdeckte den „Apostel der Deutschen" neu. Seit 1867 versammeln sich an seinem Grab in Fulda alljährlich die deutschen Bischöfe zu ihrer Herbstkonferenz.

14

Taufszene mit dem hl. Bonifatius. Illuminierte Handschrift (Fulda, Anf. 11. Jh.) ↗

Bonifatius-Statue vor dem Fritzlarer Dom →

ORTE DER ERINNERUNG Vor dem Fritz-larer Dom steht sein Denkmal mit Axt und Eichenstumpf. Von der Bonifatius-Statue vor dem Dom zu Fulda gelangt man zu seinem im Innern untergebrachten Grab. Auch im nahen Geismar ist ihm eine Skulptur gewidmet. Der Ort unterhält zudem ein museal aufbereitetes Chattendorf, das einst die Donareiche bewacht haben soll.

Ś BONIFATIVS

um 765 | DER CODEX ABROGANS

Ältestes Buch deutscher Sprache

Die Wulfila-Bibel aus dem 4. Jahrhundert gilt als ältester in einer germanischen Sprache verfasster Text. Der Bischof Wulfila (311–383) übersetzte sie aus dem Griechischen ins Gotische, um seinem zum Christentum übergetretenen Volk das Wort Gottes nahezubringen. Der Anfang des Vaterunser liest sich bei ihm folgendermaßen: „Atta unsar þu in himinam, / weihnai namo þein. / qimai þiudinassus þeins. / wairþai wilja þeins, / swe in himina jah ana airþai."

Auf die germanischen Idiome gehen viele unserer heutigen Sprachen zurück – die englische genauso wie die schwedische. Wie sich von dort aus das Deutsche entwickelte, belegt wunderbar der Codex Abrogans. Auch dieses früheste Exempel eines deutschsprachigen Kompendiums enthält eine Version des bekannten Gebets, das heutigen Zeitgenossen nun schon deutlich vertrauter daherkommt: „Fater unseer thu pist in himile / uuihi namun dinan, qhueme rihhi din / uuerde uuillo diin so in himile sosa in erdu."

Verfasst in der zweiten Hälfte des 8. Jahrhunderts, liegen Autor und Entstehungsort noch im Dunkel der Geschichte. Ursprünglich handelte es sich bei dem heute unbezahlbaren Band um einen reinen Gebrauchstext. Die Seiten präsentieren sich fast schmucklos, das Pergament war nicht von bester Qualität, und für die Buchdeckel wählte man das billigste Material – Holz. Auch der Inhalt des Abrogans wirkt im ersten Moment wenig spannend. Statt Geschichten um Liebe, Ehre, Verrat und Mord erwartete die ersten Leser ein schnödes Wörterbuch, benannt nach dem ersten Eintrag: abrogans = dheomodi (bescheiden, demütig). Die deutschen Entsprechungen eines überlieferten lateinischen Synonymlexikons waren für die Germanisten ein Schatz. Über 3200 Wörter konnten so von ihren frühesten Wurzeln bis ins Deutsch unserer Tage verfolgt werden, darunter etwa „frihals" für Befreiung und „samftmoati" für sanftmütig. Und dass ganz am Ende auch noch das zitierte Paternoster Eingang fand, verdankt sich einem Zufall: Es war noch ein bisschen Platz geblieben und der schreibende Mönch offenbar ein sparsamer Vertreter seiner Zunft.

Eine Seite aus dem Codex Abrogans →

ORTE DER ERINNERUNG Der Codex Abrogans wird im Kloster St. Gallen (imposante Stiftsbibliothek und Museum) aufbewahrt. Die Wulfila-Bibel ist Teil der Universitätsbibliothek Uppsala. Ebenfalls bedeutend für die Geschichte deutscher Wörterbücher ist das Konrad-Duden-Museum in Bad Hersfeld.

9. Oktober 768 | DIE KÖNIGSKRÖNUNG KARLS DES GROSSEN

Das Heilige Römische Reich nimmt Form an

Pippin der Jüngere (siehe Seite 36) trug auch den Beinamen „der Kleine". Seinen Sohn Karl hingegen sollte man später „den Großen" nennen. Angesichts seiner Bedeutung für die Geschichte Europas fällt es schwer, ein einzelnes, symbolisches Datum herauszugreifen. Der 9. Oktober 768 jedoch markiert den Beginn seines Lebens als Regent. An jenem Tag ließ er sich im heute französischen Noyon zum König jenes Teilreiches küren, das Pippin ihm hinterlassen hatte. Als 771 sein stets mit ihm konkurrierender Bruder Karlmann starb, übernahm er auch dessen Herrschaftsgebiet. Karl regierte nun über ein Territorium, das in etwa dem heutigen Frankreich und einem Gutteil des westlichen Deutschland entsprach. Bereits ein Jahr später startete er mit dem Krieg gegen die Sachsen (siehe Seite 48) seinen ersten bedeutenden Eroberungsfeldzug. Als er sich am 25. Dezember 800 in Rom von Papst Leo III. zum Kaiser krönen ließ, reichte sein Reich vom Atlantik bis nach Böhmen und von der Nordsee bis nach Mittelitalien. Zugleich reaktivierte er mit diesem Akt das 476 erloschene weströmische Kaisertum und legte den Grundstein für das Heilige Römische Reich, das für die kommenden tausend Jahre die Geschicke (nicht nur) in deutschen Landen bestimmen sollte.

Es wäre jedoch eine verkürzte Sichtweise, Karl den Großen auf seine Erfolge als Eroberer zu reduzieren. Allein seine Reformen auf dem Gebiet des Bildungswesens sind von überragender Bedeutung für die folgenden Jahrhunderte (siehe Seite 50). Auch auf dem Gebiet der Rechtspraxis und der Reichsverwaltung, der Landwirtschaft und des Warenhandels schuf er Strukturen, auf die seine Nachfolger aufbauen konnten.

Zum Zentrum seines zivilen Lebens wurde gegen Ende des 8. Jahrhunderts die Stadt Aachen. Hier verbrachte er fortan die Winterzeit, und hier schätzte er nicht zuletzt die Heilkräfte der Thermen. Ab 795 hatte er den um 803 fertiggestellten Aachener Dom erbauen lassen. Bis 1531 sollten hier fortan, ihm zu Ehren, die römisch-deutschen Könige gekrönt werden. Und dort in der Chorhalle findet man heute auch seine letzte Ruhestätte, den prächtigen Karlsschrein.

Karl der Große, Buchmalerei aus den Grandes Chroniques de France ↗

Der Karlsschrein im Aachener Dom →

ORTE DER ERINNERUNG Karls Thron und seinen Schrein beherbergt der Aachener Dom. Auch Aachens Stadtmuseum, das Centre Charlemagne, befasst sich intensiv mit ihm. Die Kathedrale von Noyon steht für seine Königskrönung im Jahr 768.

Um 770 | HAITHABU

Die Wikinger kommen

„Haithabu ist eine sehr große Stadt am äußersten Ende des Weltmeeres", notierte der arabische Geschichtsschreiber Ibrahim ibn Ahmed At-Tartûschi um 965. Was für ihn der hinterste Winkel der Ozeane war, galt den Einheimischen als strategisch und ökonomisch wichtigster Knotenpunkt des nördlichen Europas. Wer von der Ostsee in ihren Seitenarm, die Schlei, segelte, langte nach 40 Kilometern in Haithabu an. Über einen kurzen Landweg, die Treene und die Eider erreichte man sodann die Nordsee. Kein anderer Reiseweg verband die beiden Meere schneller, und in Nord-Süd-Richtung verlief der „Ochsenweg" durch den Ort, der von Skandinavien ins Frankenreich führte. Knapp 300 Jahre lang blieb Haithabu der Warenumschlagplatz Nummer 1 im Norden. Und die dort herrschten, waren echte Nordmänner. Sie kamen aus Dänemark, Norwegen und Schweden, man kennt sie unter dem Namen „Wikinger".

Um 770 gegründet, verwandelte sich die wehrhafte Siedlung an der Schlei schnell in eine frühmittelalterliche Stadt. Dank der hervorragenden Arbeit von Archäologen und Historikern kann man sich im heutigen Freilichtmuseum Haithabu ein Bild der damaligen Lebensumstände machen. Reetgedeckte Häuser warten mit rekonstruierten Gerätschaften auf, ergänzt von rückgezüchtetem Vieh. Sehr friedlich wirkt die Szenerie heutzutage, aber der Ort war zu bedeutend, um nicht umkämpft gewesen zu sein. Mal wechselten sich dänische und schwedische Fürsten ab, mal waren die Franken unter Otto II. an der Reihe (974–983). Parallel dazu entwickelten sich die Wikinger zu einer gefürchteten Seemacht. Ihre Raubzüge führten sie nach England und Irland genauso wie in den gesamten Mittelmeerraum bis nach Konstantinopel. Die Flüsse brachten sie auch weit ins Innere Europas – zum Beispiel über den Rhein bis nach Köln und Trier.

Die Blütezeit des zeitweise bedeutendsten Handelsortes für den westlichen Ostseeraum endete um die Mitte des 11. Jahrhunderts. Das bereits geschwächte Haithabu wurde von aus dem Osten vorrückenden Slawen überfallen und niedergebrannt. Statt den Ort wiederaufzubauen, verlegte man das Zentrum auf die Nordseite der Schlei: nach Schleswig.

Das Museumsgelände Haithabu ↗

Das berühmte Osebergschiff im Wikingermuseum Oslo →

46

ORTE DER ERINNERUNG Viele Stadtmuseen erzählen ihre Geschichte mit den Wikingern. Das rekonstruierte Haithabu samt Museum bietet einen großartigen Überblick.

Sommer 772 | DIE SACHSENKRIEGE

30 Jahre Kampf um Christianisierung

Sachsen im Sauerland? Ja, im Mittelalter war das noch so. Wobei man allerdings sofort hinzufügen sollte: Die Bezeichnung wanderte später durch dynastische Vererbung weiter gen Osten. Jenes Volk also, das heute nach dem charakteristischen Hiebmesser „Sax" benannt ist, stammt nicht von Sauerländern ab.

Schon der Großvater Karls des Großen, Karl Martell (siehe Seite 38) war im frühen 8. Jahrhundert mehrfach gegen die Sachsen gezogen. Von heute aus betrachtet würde man dieses eigenwillige Volk wohl als extrem wertekonservativ bezeichnen. Die Sachsen frönten der alten germanischen Sitte, regelmäßige Raubzüge gegen ihre Nachbarn zu unternehmen. Und sie blieben, gegenüber den längst christianisierten Franken, ihren heidnischen Traditionen treu. Die Sachsenkriege Karls des Großen begannen deshalb mit dem größtmöglichen Paukenschlag. Mit der Irminsul zerstörte er zunächst einmal das höchste politische und religiöse Heiligtum der Sachsen, um ihnen den Mut zu rauben.

Wie die Irminsul aussah, ob es ihrer mehrere gab und wo sie stand(en), geht aus den Annalen nicht hervor. Naheliegend ist, dass sie einem säulenartigen Altar ähnelte. Die meisten Quellen gehen davon aus, dass sie auf der Eresburg im hochsauerländischen Obermarsberg zu finden war. Das an seinen Rändern steil abfallende Plateau wirkt schier uneinnehmbar, auch heutzutage erreicht man den kleinen Ort oberhalb der Diemel nur über einen stark ansteigenden Sattel von Süden her.

Über mehr als 30 Jahre sollte sich Karls Krieg gegen die Sachsen hinziehen. Den überlieferten Berichten zufolge war es ein äußerst grausamer Feldzug, allein beim „Blutgericht von Verden" 782 sollen die Franken 4500 Männer enthauptet haben. Sicher ist, dass Abertausende Sachsen dem Krieg zum Opfer fielen, wenn sie nicht zwangsgetauft und/oder vertrieben wurden. Als sich ihr legendärer Anführer Widukind angesichts der Aussichtslosigkeit des Kampfes 785 taufen ließ, schien der Friede nah. Besiegelt wurde er jedoch erst 804 mit der Einverleibung Sachsens, also: Nordwestdeutschlands, in das fränkische, christliche Reich.

„Karl der Große zerstört die Irminsäule", Fresko von Hermann Wislicenus (1879/97) ↗

Die Stiftskirche Obermarsberg →

ORTE DER ERINNERUNG Auf der Eresburg, dem heutigen Obermarsberg, ließ Karl der Große ein Kloster errichten. Der Nachfolgebau, die romanisch-gotische Stiftskirche St. Petrus und Paulus, kann besichtigt werden. Eine Nachbildung der Irminsul steht auf der Bornhöhe in Harbarnsen-Irmenseul. Dem Sachsenführer Widukind ist ein Museum in Enger / Ostwestfalen gewidmet.

784 | DIE KAROLINGISCHE RENAISSANCE

Karls „Epistula de litteris colendis"

Das sicherlich größte Verdienst der karolingischen Reformen ist die Wiederbelebung des antiken Erbes. Nach langem Dornröschenschlaf wurden unter Karl dem Großen die antiken Klassiker hervorgekramt und für die Nachwelt kopiert. Kunst und Kultur sollten wieder eine höhere Bedeutung erlangen, von der Pflege der Schriftsprache bis zur Neuausrichtung der Architektur. Karls engster Zuarbeiter und Berater war der aus Northumberland stammende Schriftgelehrte Alkuin (735–804). Iroschottische Mönche hatten den Bildungsschatz der Antike bewahrt, und mit Alkuin gelangte dieses Wissen an den Hof des Frankenkönigs. 782 kam er an die Aachener Hofschule, die explizit der Buchkunst und der antiken Literatur gewidmet war. Zwei Jahre darauf erging an den Abt Baugulf von Fulda die „Epistula de litteris colendis". In der Geschichtsschreibung markiert sie gemeinhin den Beginn jener karolingischen Renaissance, die half, das „dunkle" Frühmittelalter zu überwinden.

Das Motiv für Karls Bestrebungen lag in der Hinterlassenschaft der Merowinger begründet: Das zeitgenössische Latein war vulgarisiert, wenn die Priester denn überhaupt noch in der Lage waren, ein Vaterunser auf Latein zu beten. Ebenso schlecht stand es um Kenntnis und Erhalt des antiken Bildungsschatzes. Die Verbindung zur Vergangenheit war gekappt, das noch nicht allzu lang etablierte Christentum drohte „geschichtslos" zu werden.

Die Epistula von 784 fordert demgegenüber zu einer Umkehr auf. Liturgische Gesänge, so die Argumentation, litten unter falscher Grammatik. Auch die Wahrheitsfindung werde durch schlechte Sprachkenntnis erschwert. Gottgefällig sei hingegen, wer sich Bildung und Sprache wieder zuwende und sie zu größtmöglicher Vollkommenheit führe. Noch detaillierter sind die Anweisungen in der 789 versandten „Admonitio generalis". Die von Karl angestrebte gänzliche Christianisierung des Frankenreiches könne nur gelingen, indem die kirchlichen Institutionen und Funktionsträger auf hohem Bildungsniveau eng zusammenarbeiteten. Dass der oberste Herrscher immer ein weltlicher bleibe, nämlich der König, verstand sich für Karl allerdings von selbst.

19

Karl der Große empfängt Alkuin, Gemälde von Jean Victor Schnetz (1828). →

ORTE DER ERINNERUNG Karls erste Epistel war an das Kloster Fulda gerichtet. An die gemeinsame Zeit Karls und Alkuins erinnert der Aachener Dom. Dort, im Karlsschrein, liegt der Kaiser auch begraben. Die schönsten karolingischen Handschriften liegen heute z. B. in Paris, Berlin, Würzburg, München und Aachen.

10. August 843 | DER VERTRAG VON VERDUN

Die Geburtsstunde Frankreichs und Deutschlands

Schon die Römer hatten an der Mündung der Mosel in den Rhein einen Tempel errichtet. Auf seinen Überresten ließ der Frankenkaiser Ludwig der Fromme 836 die Basilika St. Kastor weihen. Heutzutage findet man die hübsche Kirche inmitten eines aufwendig gepflegten Ziergartens. Direkt nebenan schwingt sich die anlässlich der Koblenzer Bundesgartenschau 2011 installierte Seilbahn hoch über den Rhein zur Festung Ehrenbreitstein. Ein historischer Ort, der zwischen dem 19. und 24. Oktober 842 europäische Geschichte schrieb. 110 Abgeordnete der Söhne Ludwigs trafen sich damals in St. Kastor zu Vorverhandlungen des Vertrags von Verdun.

Unter Karl dem Großen war das Frankenreich in jeder Hinsicht über sich hinausgewachsen. Nach seinem Tod 814 hatte sein zu jenem Zeitpunkt einziger noch lebender Sohn das Zepter übernommen. Aber die Herrschaft von Ludwig dem Frommen gestaltete sich von Beginn an schwierig, wobei es vor allem seine eigenen Söhne waren, die die Ruhe im Frankenland nachhaltig störten. Reichsteilungen und -unterteilungen sollten in der Karolingerzeit zur Regel werden. Die bedeutendste von ihnen wurde am 10. August 843 im Vertrag von Verdun fixiert, der das Fränkische Reich zugunsten von Ludwigs Stammhaltern Lothar I. (der offizielle Kaiser), Ludwig II. (der Deutsche) und Karl II. (der Kahle) drittelte.

Letztendlich bildet dieses Papier die Geburtsurkunde der späteren Staaten Frankreich und Deutschland. Bevor es soweit kommen sollte, floss allerdings noch einiges an Moselwasser in den Rhein. Die „Prümer Teilung" nach dem Tod Lothars im Jahr 855 besiegelte die Aufspaltung des ihm zugesprochenen Mittelreiches gen Westen und Osten. Vor allem im östlichen Teil des Frankenreiches verlief die weitere Entwicklung überaus unruhig. Erst hundert Jahre später sollten sich die Verhältnisse dort mit der Kaiserkrönung Ottos I. 962 stabilisieren. Mit diesem Ereignis setzt die Geschichtsschreibung dann auch den Beginn des Heiligen Römischen Reiches an, aus dem schließlich – gut 900 Jahre später – Deutschland hervorgehen sollte.

St. Kastor in Koblenz →

ORTE DER ERINNERUNG In Verdun erinnert lediglich eine Gedenktafel am „Cour des Trois Rois" an den historischen Ort der Vertragsunterzeichnung. Die Koblenzer St.-Kastor-Kirche, in der die Vorverhandlungen stattfanden, ist zu besichtigen. Ebenso die Basilika Prüm mit dem Grab Lothars I.

10. August 955 | DIE SCHLACHT AUF DEM LECHFELD

Otto I. vertreibt die Magyaren

Nach diesem Sieg sollte man ihn „Pater patriae" nennen. Auch den Beinamen „der Große" bekam er erst später verpasst, genauso wie die Kaiserkrone, die man ihm schließlich 962 aufsetzte (siehe Seite 56). Gemeinhin gilt die Schlacht auf dem Lechfeld als König Ottos I. größter militärischer Erfolg. Und lange Zeit firmierte sie sogar recht pathetisch als „Geburtsstunde der deutschen Nation". Selbst ohne solche Zuschreibungen jedoch markierte diese kriegerische Auseinandersetzung einen Wendepunkt in der Geschichte jenes Territoriums, das einmal Deutschland werden sollte.

Ende des 9. Jahrhunderts zogen die Magyaren noch als nicht sesshaftes Reitervolk durch Osteuropa. Wo sie auftauchten, verbreiteten sie Angst und Schrecken, wie der Eifeler Abt und Geschichtsschreiber Regino von Prüm sehr plastisch vermittelte: „Das Volk der Ungarn ist äußerst wild und übertrifft alle Raubtiere an Grausamkeit. Sie leben nicht nach Art von Menschen, sondern wie das Vieh. Sie nähren sich nämlich von rohem Fleisch, trinken Blut, verschlingen als Heilmittel die Stücke zerteilter Herzen ihrer Gefangenen."

899 rückten die Magyaren erstmals auf ostfränkisches Gebiet vor. Ihre Überfälle organisierten sie schnell und schmerzensreich: So plötzlich wie sie auftauchten, waren sie mit ihrer Beute auch wieder verschwunden. Vor allem die Bayern wurden Opfer der Einfälle, die sich in den nächsten Jahrzehnten wie eine Plage wiederholen sollten. Wo schließlich die Entscheidungsschlacht von 955 stattfand, weiß niemand so genau. Aber man vermutet: auf dem Lechfeld, einer voralpinen Schotterebene südlich von Augsburg nahe dem heutigen Städtchen Königsbrunn. Nach anfänglichen Erfolgen sollen die Ungarn einen folgenreichen Fehler begangen haben: Sie begannen zu plündern, anstatt ihre Stellungen zu festigen. Das verschaffte Ottos Truppen die Gelegenheit, zurückzuschlagen. Über den genauen Verlauf des Gemetzels ist wenig bekannt, aber der Ausgang war eindeutig. Kein einziger von vielen Zehntausend Magyaren soll entkommen sein an jenem Tag, ihre Einfälle ins Frankenland endeten ein für alle Mal.

Die Schlacht auf dem Lechfeld, Buchmalerei von Hektor Muelich zur Meisterlinchronik Augsburg (1457) ↗

Die Augsburger Barfüßerkirche →

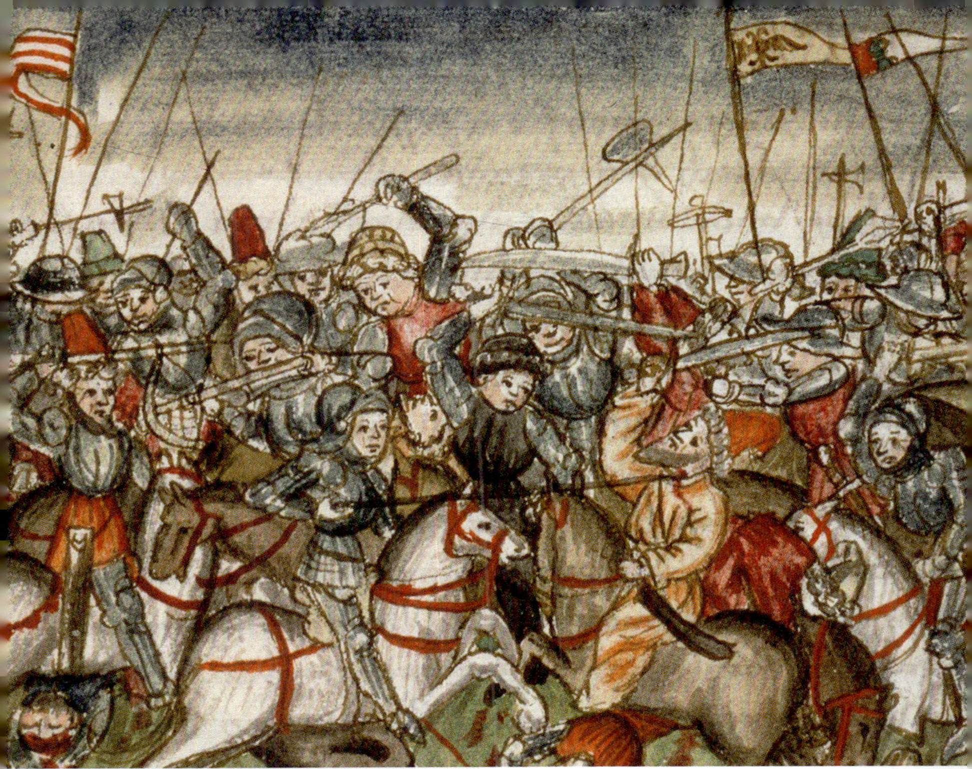

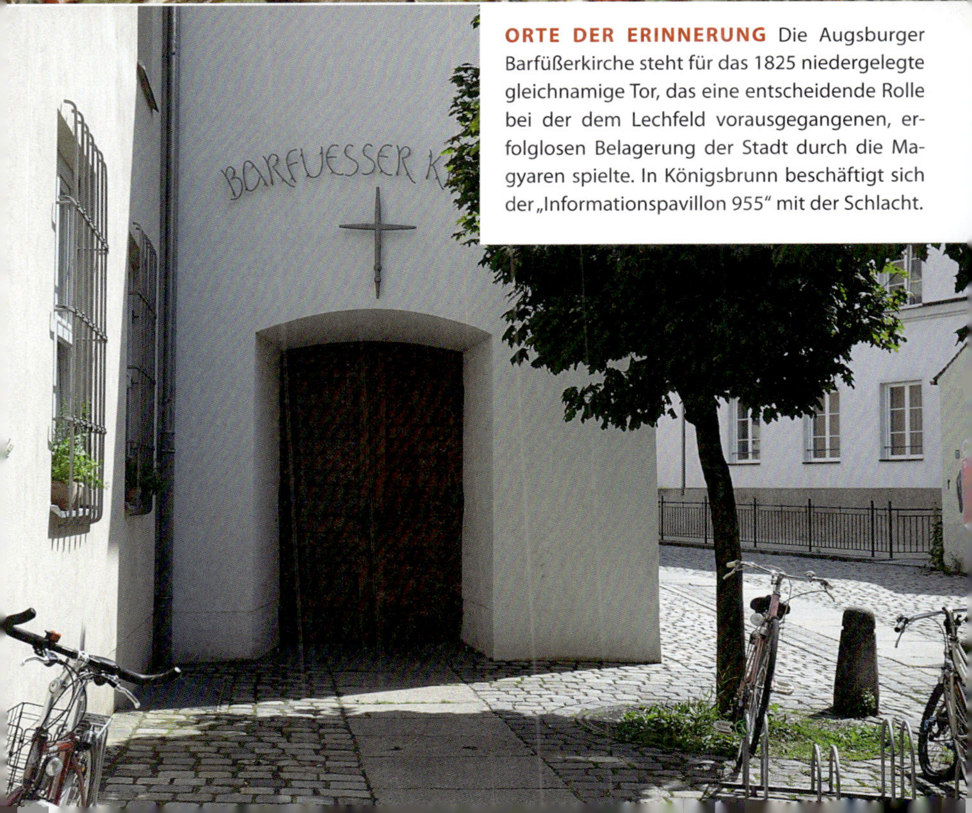

ORTE DER ERINNERUNG Die Augsburger Barfüßerkirche steht für das 1825 niedergelegte gleichnamige Tor, das eine entscheidende Rolle bei der dem Lechfeld vorausgegangenen, erfolglosen Belagerung der Stadt durch die Magyaren spielte. In Königsbrunn beschäftigt sich der „Informationspavillon 955" mit der Schlacht.

2. Februar 962 | DIE KAISERKRÖNUNG OTTOS I.

Das Heilige Römische Reich nimmt seinen Anfang

Noch 200 Jahre zuvor waren die Sachsen als „Outlaws" gehandelt worden. Karl der Große hatte sie in den äußerst blutigen Sachsenkriegen (siehe Seite 48) unterworfen und taufen lassen. Im Jahr 919 jedoch saß mit Heinrich I. plötzlich ein Sachse auf dem ostfränkischen Königsthron. Sein Sohn Otto schließlich sollte jenes Imperium begründen, das man später das Heilige Römische Reich Deutscher Nation nannte. Vater Heinrich hatte Otto früh auf die Nachfolge vorbereitet. Nach seinem Tod im Sommer 936 wurde Otto in Aachen zum König gekrönt. Aber der damals 23-Jährige wollte mehr. Die Wahl Aachens als Krönungsort, Grabstätte Karls des Großen, deutet seine Pläne ebenso an wie die nun auch im royalen Siegel fixierte Betonung seines Gottesgnadentums. Ottos Ziel war die Wiederauferstehung des Römischen Reiches. Aber dafür brauchte er – wie einst die Karolinger – Zugriff auf Italien.

Die Chance dazu bot sich, als Adelheid, die Witwe des italienischen Königs Lothar, ihn um Hilfe anging. Berengar von Ivrea, seit 950 Lothars Nachfolger auf dem Thron, wollte sie zur Heirat zwingen. Ottos Feldzug gen Italien im darauffolgenden Jahr wurde in jeder Hinsicht zum Erfolg: Er besiegte Berengar, machte ihn zu seinem Vasallen – und heiratete die 20 Jahre jüngere, als so selbstbewusst wie durchsetzungsfähig geltende Adelheid. Fünf Kinder sollte er mit ihr haben, wodurch er das Herrschergeschlecht der Ottonen begründete. Mit der Hochzeit war der Sachse zugleich König von Italien geworden. Sein erster Vorstoß zur Kaiserkrone wurde von Papst Agapet II. noch abgewehrt. 962 jedoch war es dann so weit. Der Heilige Vater, nun Johannes XII., hatte von Otto Unterstützung gegen den sich erneut aufwerfenden Berengar erhalten. Zum Dank dafür setzte er ihm am 2. Februar des Jahres endlich die lang ersehnte Reichskrone auf. Bis zum Erlöschen des Heiligen Römischen Reiches (Deutscher Nation) im Jahr 1806 (siehe Seite ***) blieb sie dessen stärkstes Symbol.

Wie sein Vater Heinrich starb auch Otto in der Pfalz von Memleben, möglicherweise in der dortigen Klosterruine gelegen. Sein Sohn Otto II. wurde dann schon in Rom zu Grabe getragen.

Die Klosterruine Memleben ↗

Otto I. und seine erste Gemahlin Editha im Magdeburger Dom (13. Jh.) →

ORTE DER ERINNERUNG Sowohl die Klosterruine Memleben als auch die nahe Burg Wendelstein gelten als mögliche Orte jener Kaiserpfalz, in der Otto I. 973 starb. Seine Grabeskirche ist der Dom zu Magdeburg. Die „Ottostadt" ehrt ihren Gründer darüber hinaus auf vielfache Art, u.a. durch den berühmten „Magdeburger Reiter" auf dem Alten Markt.

29. Juni 984 | THEOPHANU REGIERT ALS KAISERIN

Eine Griechin auf dem deutschen Thron

Otto I. hatte 962 für ein Novum gesorgt, als er seine Gattin Adelheid in die Kaiserkrönung einbezog. Fortan war sie nicht mehr nur die Frau an seiner Seite, sondern seine Mitregentin, die Kaiserin. Diesen Titel trug sie auch noch, als ihr Sohn Otto II. (geb. 955) dem toten Vater 973 auf den Thron folgte. Schon im Jahr zuvor hatte er die Griechin Theophanu (um 955–991), eine Nichte des byzantinischen Kaisers, geheiratet. Mit der Titulierung Theophanus als „Coimperatrix Augusta" wandelte Otto II. auf des Vaters Pfaden.

Das Verhältnis der Kaiserinnen zueinander scheint recht schwierig gewesen zu sein. Als Otto II. 983 in seinem 28. Lebensjahr starb, formierten sich die beiden Frauen jedoch offenbar zu einem Zweckbündnis. Kaiser war nun Otto III., der erst dreijährige einzige männliche Nachkomme von Otto II. und Theophanu. Heinrich II. von Bayern warnte vor dem „Weiberregiment" und versuchte Theophanu wegen ihrer ausländischen Herkunft zu diskreditieren. Ausreichende Unterstützung für seine Umsturzpläne fand er jedoch nicht. Am 29. Juni 984 übergab er Theophanu schließlich den zwischenzeitlich entführten Sohn und verzichtete auf seine Ansprüche. Theophanus Position war dadurch gefestigt. Für das Reich ergab sich die einmalige Konstellation, dass es nun von gleich zwei starken Frauen regiert wurde – mit Theophanu an der Spitze und Adelheid als Statthalterin Italiens.

In den ihr verbleibenden sieben Jahren gelang es Theophanu, das Reich mit politischem Geschick und beinahe ohne militärische Einsätze im Innern zu stabilisieren und an den Grenzen zu sichern. Die ottonische Renaissance bereicherte sie durch den Import byzantinischer Bildung, Kunst und Umgangsformen. Eine romantische Beziehung verband sie zeitlebens mit dem Kölner Kloster St. Pantaleon, wo sie heute, in einem Sarg aus griechischem Marmor, auch begraben liegt. Die außergewöhnliche deutsche Kaiserin war nur 35 Jahre alt geworden. Mit ihrem Tod 991 ging das Zepter dann bis zur Volljährigkeit Ottos III. wieder an jene Frau, die es bereits zuvor getragen hatte: an Theophanus Schwiegermutter Adelheid.

Das Elfenbeinrelief zeigt Otto II. und Theophanu. ↗

Theophanus Sarg in St. Pantaleon →

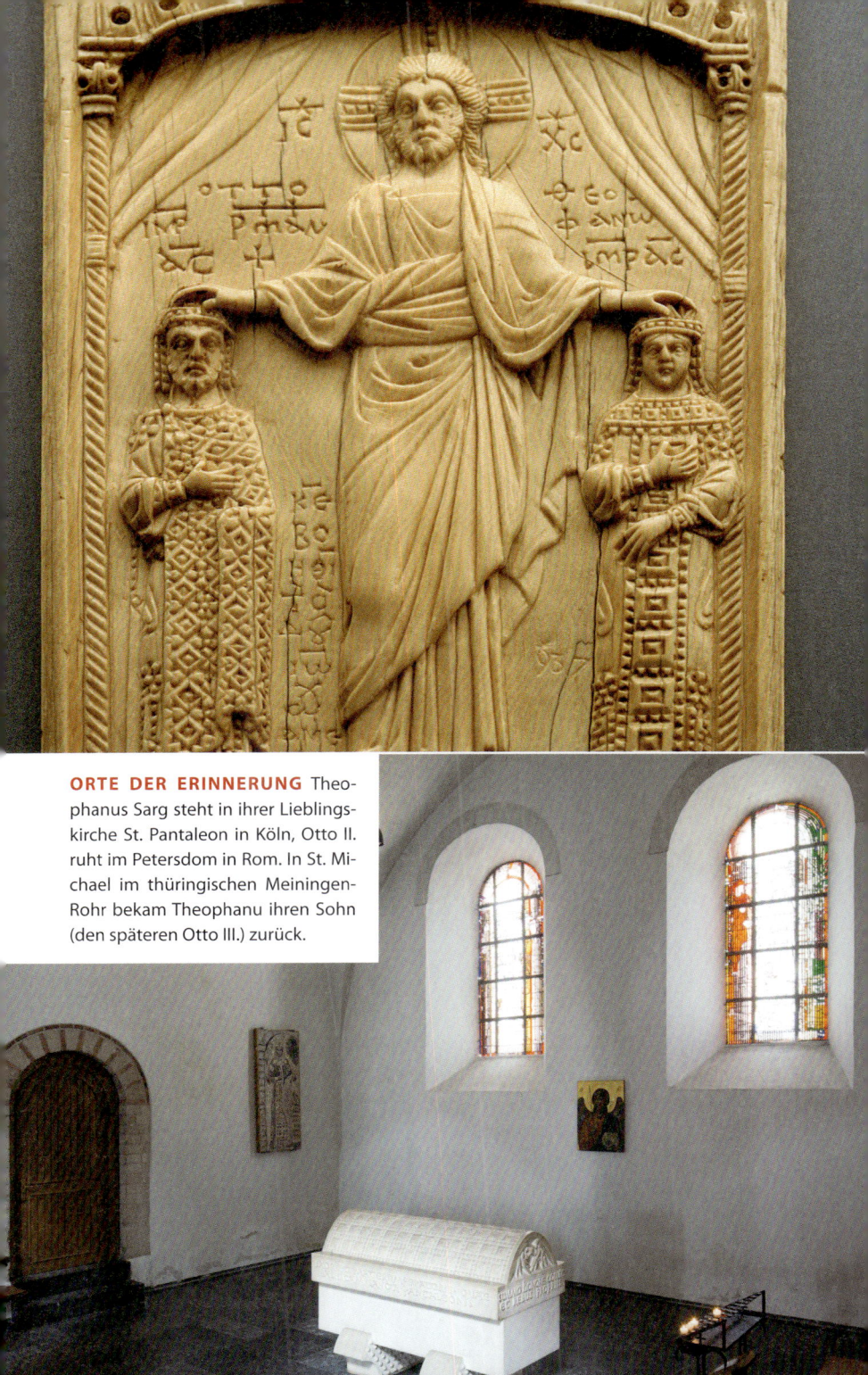

ORTE DER ERINNERUNG Theophanus Sarg steht in ihrer Lieblingskirche St. Pantaleon in Köln, Otto II. ruht im Petersdom in Rom. In St. Michael im thüringischen Meiningen-Rohr bekam Theophanu ihren Sohn (den späteren Otto III.) zurück.

27. November 1095 | DER ERSTE KREUZZUG

Urban II. – Papst und Demagoge

Papst Urban II. wusste offenbar genau, wie man populistische Effekte erzeugt. Anlässlich der Synode in Clermont machte er sich zunächst rar, kündigte jedoch für den 27. November 1095 eine wichtige Rede an.

Was er den versammelten Erzbischöfen, Bischöfen und Äbten vortrug, war tatsächlich von enormer Tragweite. Urban schilderte zunächst, stark dramatisierend, die vermeintlichen Leiden der Christenheit in Palästina und deren Unterdrückung durch die Andersgläubigen. Schließlich rief er dazu auf, das Heilige Land zurückzuerobern, das 637 von den Arabern eingenommen worden war. Der virtuose Redner brachte die Zuhörer in Wallung. Nach jeder seiner Forderungen brachen sie, so der Geschichtsschreiber Robert von Reims, in ein enthusiastisches „Deus lo vult" (Gott will es!) aus – den späteren Leitruf der Kreuzzüge.

Urbans Aufruf war in ganz Europa sehr erfolgreich und stabilisierte die machtpolitische Rolle der Kirche. Die Hysterie führte zunächst zu einem „Volkskreuzzug". Marodierende Massen zogen gen Osten und richteten Pogrome unter Nicht-Christen an, vor allem unter Juden. Das eigentliche Kreuzfahrerheer versammelte sich ab November 1096 in der oströmischen Hauptstadt Konstantinopel. In den folgenden drei Jahren gelang es ihm tatsächlich, Jerusalem einzunehmen – allerdings unter großen Opfern.

Der deutsche König Heinrich IV., seinerzeit wieder einmal vom Papst gebannt (siehe Seite 62), war nicht mit von der Partie gewesen. Auch für Deutschland jedoch setzte der Erfolg des Ersten Kreuzzugs ein fatales Zeichen. Märsche gegen die Heiden im Heiligen Land und andernorts waren fortan an der Tagesordnung. Aber bereits beim zweiten Anlauf 1147 sollte die christliche Überheblichkeit einen empfindlichen Dämpfer bekommen. Die Niederlage der Kreuzfahrer vor Damaskus führte letztlich auch zum Verlust Jerusalems. Und die Besetzung der Stadt durch den ägyptischen Sultan Saladin 1187 gab dann wiederum Anlass für den Dritten Kreuzzug, der auch nicht viel erfolgreicher endete.

Urban II. ruft in Clermont die versammelten Kleriker zum Kreuzzug auf. ↗

Die Steinerne Brücke in Regensburg →

ORTE DER ERINNERUNG Ein Denkmal für Urban II. steht auf der Place de la Victoire, unfern der Kathedrale von Clermont-Ferrand. Ein Startpunkt des Zweiten und Dritten Kreuzzugs war die Steinerne Brücke von Regensburg.

23. September 1122 | DAS WORMSER KONKORDAT

Ende des Investiturstreits

Aus dem Geschichtsunterricht mag man sich noch an diverse Schlagwörter erinnern. Drei davon, in Reihenfolge und Zusammenhang gebracht, sind diese hier: Der *Investiturstreit* schwelte ab 1076, wurde durch den *Gang nach Canossa* 1077 zunächst befriedet, aber erst durch das *Wormser Konkordat* 1122 wirklich beigelegt. Und zwar folgendermaßen:

Der Streit um die Investitur rankte sich vordergründig um die Frage, wer Bischöfe in Amt und Würden setzen dürfe. König Heinrich IV. sah das Recht auf seiner Seite. Gregor VII., seit 1073 auf dem Heiligen Stuhl, pochte hingegen auf die Freiheit der Kirche. Beiden ging es neben den ideologischen Beweggründen auch darum, diese einflussreichen Amtsherren unter ihrer Kontrolle zu haben. Nachdem Heinrich 1075 gleich mehrere Bischöfe investierte, eskalierte der Streit. Gregor verlangte deren Absetzung, Heinrich antwortete im Januar 1076 mit einer wüsten Streitschrift, in der er den Papst zum Rücktritt aufforderte. Dieser griff im Folgemonat zum härtesten Mittel, das ihm zur Verfügung stand: dem Kirchenbann, also der Exkommunizierung.

Des Kaisers scheinbar machtvolle Position begann zu wanken. Dem Klerus, der bislang hinter ihm gestanden hatte, war ein gebannter König unheimlich. Auch verschiedene Fürsten gingen auf Distanz oder rebellierten öffentlich. Heinrichs Thron begann zu wackeln, weshalb er sich zu einer schweren Entscheidung durchrang: dem Gang nach Canossa am 25. Januar 1077. Seine demütige Unterwerfung unter das Papsttum löste schließlich den Bann. Aber auch in der Folgezeit blieb das Verhältnis gespalten. Der Kampf um Gegenpäpste und Gegenkönige ließ die eigentliche Ursache der Querelen in den Hintergrund treten.

Der Investiturstreit mündete erst 1122 im Rahmen des Wormser Konkordats in einen – ziemlich faulen – Kompromiss: Der Kaiser verzichtete auf das Recht der Investitur, ließ sich jedoch dafür garantieren, dass bei Bischofswahlen stets kaiserliche Abgeordnete vertreten sein mussten. Auf die Dauer sollte dadurch die Stellung des Kaisers im Heiligen Römischen Reich deutlich geschwächt werden.

Die Ruine der Burg von Canossa ↗

Heinrich IV. im Schlosshof von Canossa, Holzstich nach einer Zeichnung von Hubert von Heyden (1878) →

25

ORTE DER ERINNERUNG Das Wormser Konkordat wurde im Dom zu Worms beschlossen. Die Burg von Canossa, wo Papst Gregor VII. den reuigen Heinrich IV. empfing, ist als Ruine erhalten.

Juni 1147 | DER WENDENKREUZZUG

Slawen werden Christen

Der Braunkohletagebau zu DDR-Zeiten hat in der Niederlausitz viel zerstört. Er hat aber zugleich auch so manches freigelegt. Nahe dem kleinen Ort Raddusch am Rande des Spreewalds etwa wurden die Reste einer alten Slawenburg aus dem 9./10. Jahrhundert ergraben. Der aus Holz und Lehm gezimmerte Rundwall samt umlaufendem Wassergraben wurde so originalgetreu wie möglich rekonstruiert. Seine imposante Höhe von sieben Metern deutet vor allem auf eines hin: Die Menschen hier hatten Feinde. Schon Heinrich I. und in der Folge sein Sohn Otto I. waren im 10. Jahrhundert gegen die im heutigen Nord- und Ostdeutschland siedelnden Elbslawen gezogen. Die Wenden, wie man sie auch nennt, hatten sich im großen Slawenaufstand von 983 mehr oder minder erfolgreich zur Wehr gesetzt.

Als Bernhard von Clairvaux 1147 für den Zweiten Kreuzzug mobilisierte, erhoben die Sachsen Einspruch. Als unmittelbare Nachbarn der slawischen Stämme fürchteten sie deren Einbrüche. Also beschloss man auf deutscher Seite, das sächsische Heer für einen finalen Kampf gegen die Ungläubigen freizustellen. In seinem Aufruf vom März 1147 forderte Bernhard dann gar die komplette Auslöschung des Wendenvolkes – die in diesem Zusammenhang kolportierte Devise „Tod oder Taufe" ist allerdings heute umstritten.

Ein Präventivschlag der elbslawischen Abodriten Ende Juni 1147 eröffnete schließlich die Kampfhandlungen. Unter Führung von Heinrich dem Löwen (u. a. Herzog von Sachsen) und Albrecht dem Bären (Markgraf von Brandenburg) waren die deutschen Heere den slawischen Kräften deutlich überlegen. Die Niederlage vor Augen, suchten diese ihr Heil in Verhandlungen. Unter Berufung auf frühere Missionszüge bezeichneten sie sich listig als längst bekehrte Christen. Symbolische Taufen und (Lippen-)Bekenntnisse begleiteten die Friedensverhandlungen. Der missionarische Erfolg des Wendenkreuzzugs mag folglich so klein wie der kurzfristige politische gewesen sein. Auf lange Sicht jedoch beschleunigte er den deutschen Vormarsch und das Ende der slawischen Dominanz in Ost- und Nordostdeutschland.

Blick aus der Slawenburg ↗
Die nachgebaute Slawenburg bei Raddusch →

ORTE DER ERINNERUNG Das Wendische Museum in Cottbus widmet sich ebenso der Geschichte der Region wie die rekonstruierte Slawenburg von Raddusch. Das auf Initiative von Friedrich Wilhelm IV. von Preußen errichtete Schildhorndenkmal in Berlin-Grunewald zeigt die sagenhafte Bekehrung des Slawenfürsten Jaxa von Köpenick 1157.

10. Juni 1190 | BARBAROSSAS TOD

Der Mythos um die Staufenkaiser

So berühmt waren sie, die beiden Friedrichs des 12. und 13. Jahrhunderts, dass sie später gar Wiedergänger fanden. Einer von ihnen, Tile Kolup, regierte als wiederaufgetauchter „Friedrich" ein gutes Jahr in Neuss, bevor man ihn aus der Stadt warf. Kolup endete 1285 in Wetzlar auf dem Scheiterhaufen, aber der Mythos um Friedrich I. und II. blieb Teil der deutschen Geschichte. In der Kyffhäusersage verschmelzen die beiden Stauferkaiser zu einer Person. Hatten die frühen Zeitgenossen dabei noch eher den jüngeren, zweiten Friedrich (Regent 1212–50) zum Vorbild genommen, gewann sein Großvater späterhin die größere Strahlkraft. Friedrich Barbarossa, deutsch Rotbart, bestimmte von 1152 bis 1190 die Geschicke des Heiligen Römischen Reiches. Das Kyffhäuserdenkmal von 1896 zeigt ihn als 6,50 Meter hohe, archaische Steinfigur, die auf ihrem Thron soeben erwacht zu sein scheint. Dass noch über ihm Kaiser Wilhelm I. thront, weist die Richtung, in die sich Friedrichs Nachruhm entwickelte: vom mittelalterlichen Herrscher, der das Heilige Römische Reich noch einmal strukturierte, zum Ahnherrn der nationalen Einheit von 1871.

Friedrich Barbarossa steht für die Hochphase des Heiligen Römischen Reiches, seine Regentschaft markierte jedoch zugleich die politisch-strategischen Grenzen des wackligen Imperiums. Allein sechs Mal zog der gebürtige Schwabe über die Alpen, um die aufmüpfigen Handelsstädte Oberitaliens wieder auf das Reich einzuschwören – stets verbunden mit großen Strapazen und enormen Verlusten an Menschen, Material und Kapital. Die katastrophal verlorene Schlacht von Legnano während des fünften Zuges im Mai 1176 steht bis heute sinnbildlich für die Überdehnung des Reiches gen Süden. Eine andere, noch weiter entfernte Erblast sollte Friedrich schließlich das Leben kosten. Nachdem Jerusalem 1187 von den Muslimen unter Saladin erobert worden war, brach er zwei Jahre später mit 15 000 Mann zum Dritten Kreuzzug auf (siehe Seite 60). Ohne das Heilige Land erreicht zu haben, ertrank der fast 70-Jährige am 10. Juni 1190 beim Baden im südosttürkischen Fluss Göksu.

Der schlafende Barbarossa am Kyffhäuserdenkmal →

ORTE DER ERINNERUNG Den Mythos um Friedrich fängt die museal aufbereitete Barbarossahöhle im Kyffhäusergebirge ein. Drei Kilometer nördlich davon steht das monumentale Kyffhäuserdenkmal aus preußischer Zeit.

1220–1233 | DER SACHSENSPIEGEL

Ein früher deutschsprachiger Gesetzestext

Gesetzestexte und ihre Ausführungen für den Einzelfall füllen heutzutage kilometerlange Regale. Dabei ist die Idee, gesamtgesellschaftliche Regeln und Strafen schriftlich zu fixieren, relativ neu – zumindest in deutschen Landen. Eines der ersten und das unbedingt wichtigste Kompendium ist der zwischen 1220 und 1233 entstandene Sachsenspiegel. Über seinen Autor Eike von Repgow weiß man recht wenig. Aus Urkunden geht hervor, dass er in Diensten adliger Herrschaften stand und hin und wieder als Schöffe fungierte. Außerdem muss er recht gebildet gewesen sein. Den Sachsenspiegel hatte er zunächst auf Latein verfasst, bevor sein Brotgeber Graf Hoyer von Falkenstein ihn dazu aufforderte, dasselbe noch einmal auf Deutsch zu schreiben.

Der kleine Ort Reppichau in Sachsen-Anhalt setzt ganz und gar auf seinen berühmten Sohn. Hausbemalungen, überlebensgroße Figurengruppen und ein kleines Museum heben jenen Eike aufs Podest, der hier möglicherweise um 1180 geboren wurde. Wie Frauen sich im Spiegel betrachten, so Eike, solle auch das Recht der Sachsen durch seine Niederschrift jederzeit einsehbar sein. Was er da erstmals verschriftete, war das Gewohnheitsrecht seiner Zeit. Seine Ausführungen zum Landrecht behandeln bäuerliche Grundstücksangelegenheiten ebenso wie Ehe- und Strafrechtsfragen. Die Abteilung zum Lehnrecht ähnelt dem heutigen Verfassungsrecht und dreht sich etwa um die richtige Wahl des Königs. Wo der Autor selbst hervortritt, offenbart er eine überraschend moderne, demokratische Gesinnung: Arme und Reiche seien vor Gott völlig gleich, schreibt Eike. Knechtschaft hingegen erwachse aus Zwang und unrechter Gewalt.

Während sich Eike von Repgows Spuren 1233 verlieren, machte sein Sachsenspiegel Karriere. Er wurde zum Vorbild für zahlreiche nachfolgende Gesetzessammlungen. Abschriften wanderten bis an den Niederrhein und nach Osteuropa, wo Aussiedler die tradierten Normen zur juristischen Basis ihrer neuen Heimat erhoben. Und auf die Rechtsprechung Sachsens, Anhalts und Thüringens ist Eikes Einfluss gar bis ins späte 19. Jahrhundert nachweisbar.

Eike-Gedenken in Reppichau ↗
Eine Seite aus dem Sachsenspiegel →

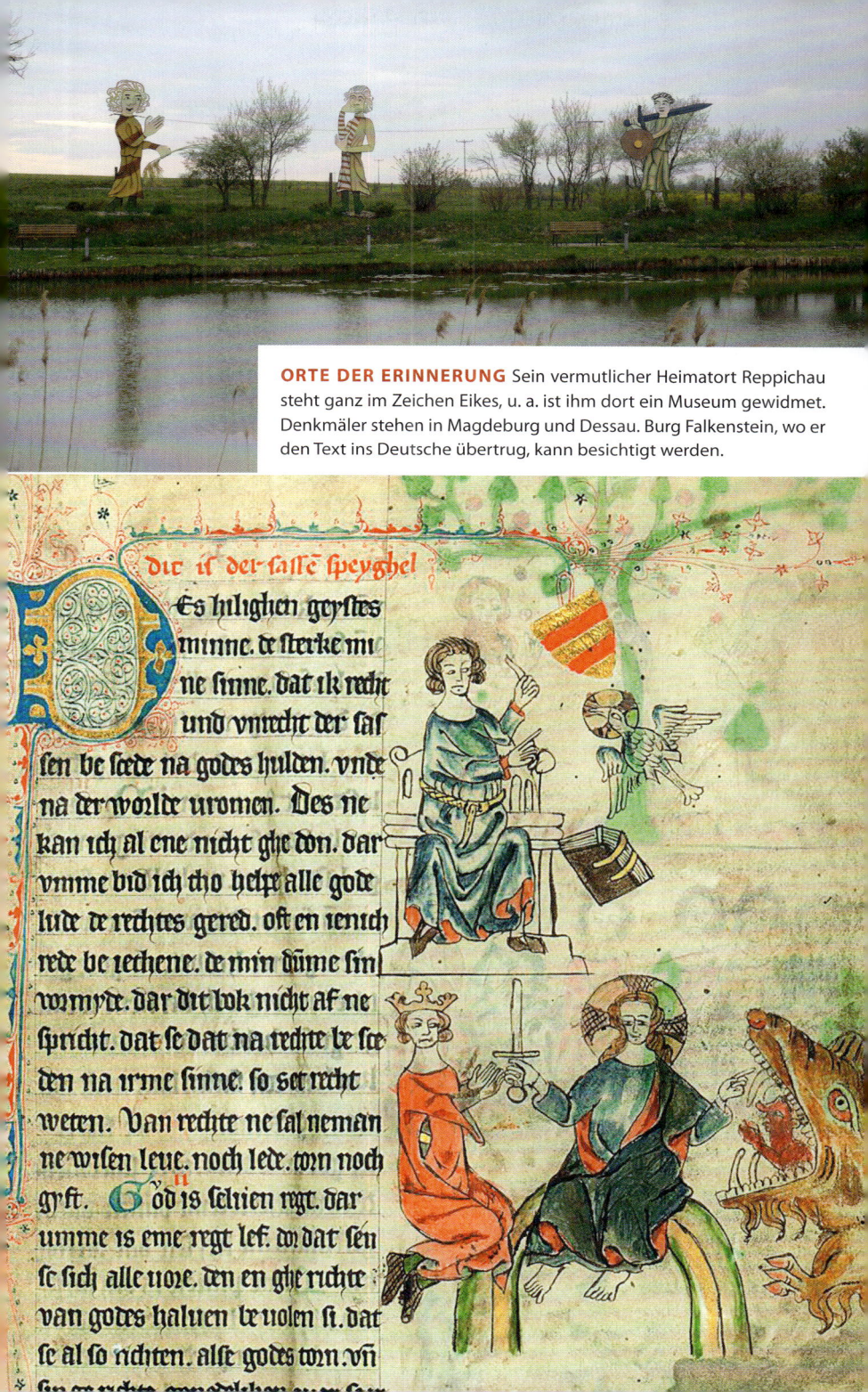

ORTE DER ERINNERUNG Sein vermutlicher Heimatort Reppichau steht ganz im Zeichen Eikes, u. a. ist ihm dort ein Museum gewidmet. Denkmäler stehen in Magdeburg und Dessau. Burg Falkenstein, wo er den Text ins Deutsche übertrug, kann besichtigt werden.

dit is der saffe speyghel

Es hilighen geystes
minne. de sterke mi
ne sinne. dat ik recht
und vnrecht der sas
sen be scede na godes hulden. vnde
na der worlde uromen. Des ne
kan ich al ene nicht ghe don. dar
vmme bid ich tho helpe alle gode
lude de rechtes gered. oft en ienich
rede be rethene. de min dume sin
vormyde. dar dit bok nicht af ne
spricht. dat se dat na rechte be sce
den na irme sinne. so set recht
weten. Van rechte ne sal neman
ne wisen leue. noch lede. won noch
gyft. God is seluen recht. dar
umme is eme recht lef. do dat sen
se sich alle uore. den en ghe richte
van godes haluen be uolen si. dat
se al so richten. alse godes torn vn

16. Mai 1230 | DER KRUSCHWITZER VERTRAG

Hermann von Salza, der Deutschorden und die Preußen

Eine komplette Seite der Spandauer Zitadelle ist Denkmälern, Statuen und Büsten gewidmet, für die es in Berlin keinen anderen Ort mehr gibt. Der Friedhof der vergessenen Helden versprüht einen morbiden Charme und lässt den Besucher ein wenig erschaudern. Hier hat auch Hermann von Salza seine letzte Ruhe gefunden, genauer seine marmorne Büste, die ab 1895 auf der ehemaligen Siegesallee im Tiergarten gestanden hatte. Wie die Prachtstraße Wilhelms II. verschwand, so verblasste auch der Ruhm des Hermann von Salza. Dem letzten deutschen König hingegen galt er noch als wichtigster Ahnherr der preußischen Geschichte.

Geboren 1162, führte Hermann von 1210 bis zu seinem Tod 1239 den Deutschen Orden. Der auch Deutschherrenorden oder Deutschritterorden genannte Verbund war während des Dritten Kreuzzugs (1189–1192, siehe Seite 66) zunächst als Hospitalbruderschaft entstanden – man kümmerte sich um die beim Versuch der Rückeroberung Jerusalems Verwundeten und Erkrankten. Zum karitativen gesellte sich jedoch alsbald auch ein politisch-militärischer Aspekt. Indem Hermann mehrfach geschickt zwischen Kaiser Friedrich II. und dem Papst vermittelte, vermehrte er Reichtum und Einfluss seines Ordens. Bald war dieser mächtiger als die älteren Johanniter und Templer.

Wichtig für die weitere deutsche Geschichte sollte vor allem des Ordens territorialer Reichtum werden. Seit 1200 verfügte die Ritterschaft über Besitztümer von Südtirol bis Thüringen und von Wien bis Griechenland. Im richtungsweisenden Vertrag von Kruschwitz, unterzeichnet am 16. Mai 1230, bekam der Deutschorden das Kulmerland zugesprochen, einen Ostseeabschnitt östlich von Danzig. Außerdem legitimierten sowohl Papst und Kaiser als auch Vertragspartner Konrad I. von Masowien/Polen die weitere Eroberung prussisch-heidnischer Gebiete gen Osten. Der so entstandene Deutschordensstaat forcierte damit nicht nur die deutsche Ostkolonisation, sondern legte auch den Grundstein für das spätere Herzogtum Preußen (siehe Seite 114). Auch dessen Hauptstadt Königsberg geht auf eine Ordensburg der Deutschherren zurück.

Hermann-von-Salza-Büste in der Zitadelle Spandau ↗

Ordensburg des Deutschen Ordens in Thorn →

ORTE DER ERINNERUNG Eine Büste des Hermann von Salza steht in der Zitadelle Spandau. Sein Namenszug findet sich auch auf einer Gedenktafel der Regensburger Walhalla. Die erste Siedlung im Kulmerland entstand rund um die heute als Ruine zu besichtigende Burg Thorn, polnisch Toruń.

28. Oktober 1237 | DIE GRÜNDUNG BERLINS
Der lange Weg zur Hauptstadt

„The Story of Berlin", so nennt sich das Museum zur Berliner Stadtgeschichte direkt am Kurfürstendamm. Das weitläufige Areal betritt man durch eine nachgestellte Hinterhofkulisse des frühen 20. Jahrhunderts. Die Armut in den überfüllten Wohnungen ist greifbar, authentische Geräusche von schrillem Geklingel über Babygeschrei bis zu diffusem Großstadtbrausen unterziehen den Besucher einem veritablen Stresstest. Danach erst schreitet er durch die rund 800-jährige Geschichte der Ansiedlung, die sich vom mittelalterlichen Dorf zur Millionenmetropole auswuchs.

Ihre ältesten Wurzeln hat die Stadt am Petriplatz im südlichen Teil der Spreeinsel. In den nächsten Jahren soll hier ein interkonfessionelles Zentrum entstehen. Das zukünftige „House of One" wird gemeinsam von Christen, Juden und Muslimen gebaut. Irgendwann im Mittelalter hatten dort Siedler aus dem Rheinland den Ort Cölln gegründet, dessen erste urkundliche Erwähnung auf den 28. Oktober 1237 datiert. Das umlaufende Wasser garantierte den Pionieren ein gewisses Maß an Sicherheit. 1244 liest man dann auch erstmals vom auf der anderen Flussseite gelegenen Berlin. Dieser Name setzte sich schließlich durch, als die beiden Städte im Laufe der Zeit zusammenwuchsen. Friedrich I. (1657–1713), erster Preußenkönig der Geschichte, verfügte anno 1709 schließlich auch formal die Vereinigung.

Schon acht Jahre zuvor hatte er Berlin zur Königlichen Residenzstadt erhoben. Der Weg zur gesamtdeutschen Hauptstadt jedoch verlief steinig. Erst 1809, nach der Vertreibung der napoleonischen Truppen, wurde erstmals ein Stadtrat gewählt. 1871 zur Hauptstadt des neu gegründeten Deutschen Reichs ernannt, behielt die Metropole diesen Status auch während der Weimarer Republik und in der Nazizeit. Die Aufteilung in Sektoren nach dem verlorenen Krieg und schließlich der Bau der Mauer 1961 zerschnitten die Stadt. Ost-Berlin mutierte zur Kapitale der DDR, die mit der Wiedervereinigung am 3. Oktober 1990 ihr Ende fand. Mit diesem Tag wurde Berlin zur Hauptstadt der Bundesrepublik Deutschland.

Stadtplan von Berlin und Cölln im Jahr 1250 ↗

Im Museum „The Story of Berlin" →

30

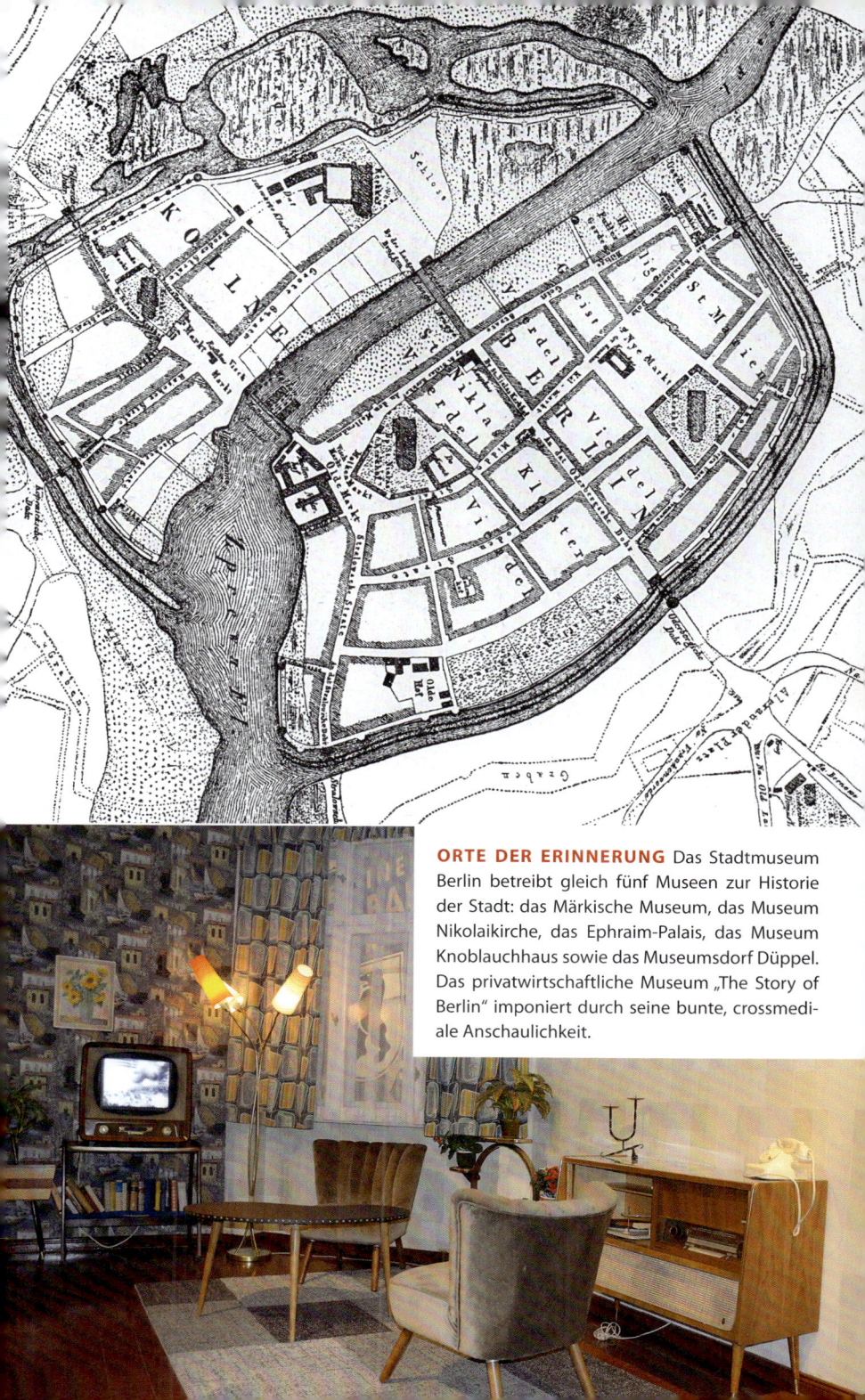

ORTE DER ERINNERUNG Das Stadtmuseum Berlin betreibt gleich fünf Museen zur Historie der Stadt: das Märkische Museum, das Museum Nikolaikirche, das Ephraim-Palais, das Museum Knoblauchhaus sowie das Museumsdorf Düppel. Das privatwirtschaftliche Museum „The Story of Berlin" imponiert durch seine bunte, crossmediale Anschaulichkeit.

15. Mai 1252 | AD EXTIRPANDA

Mit einem päpstlichen Dekret beginnt die Inquisition

Die Anweisung von Papst Innozenz IV. in seinem Dekret „Ad Extirpanda" (Zur Ausrottung) ist unmissverständlich: „Außerdem soll der Stadtherr alle Häretiker (...) dazu zwingen, ihre Irrtümer ausdrücklich zu gestehen und andere Ketzer anzuklagen, die sie kennen." Datiert auf den 15. Mai 1252, handelt es sich hier um das älteste Kirchenzeugnis, das dezidiert dazu aufruft, Folter als Hilfe zur Wahrheitsfindung einzusetzen. Erste Inquisitoren, also auf Ketzerei spezialisierte Sonderbeauftragte des Heiligen Stuhls, waren bereits rund 20 Jahre zuvor von Papst Gregor IX. eingesetzt worden. Die so furchtbare wie aberwitzige Saat, die hier gestreut wurde, ging in den folgenden Jahrhunderten auf. Die Hexenverfolgung, die nun vor allem von der weltlichen Gerichtsbarkeit und lokalen Herrschaft ins Werk gesetzt wurde, kostete bis zu ihrem Abschwellen Ende des 17. Jahrhunderts Tausende Männer und vor allem Frauen das Leben.

Zum juristischen Maßstab, quasi zur Bibel, mutierte die Schrift des Dominikaners Heinrich Kramer. Der „Hexenhammer" (1486) beschäftigt sich mit der Genese, Identifizierung und Kurierung vermeintlicher Ketzer. Während das Buch in den folgenden 200 Jahren 29 Auflagen erlebte, wuchsen auch die Arsenale der Folterer. Im Museum zur Hexenverfolgung in Penzlin/Mecklenburg präsentieren die Kellerverliese neben Daumenschrauben und einer Streckbank auch einen mit geradezu sadistischer Akribie gezimmerten Nagelthron.

Doch selbst auf dem Höhepunkt der Hysterie gab es besonnene Stimmen. So schrieb Friedrich Spee 1631 seine „Cautio criminalis" über, wie es im weiteren Titel heißt, „rechtliche Bedenken wegen der Hexenprozesse". Der reformierte Theologe Anton Praetorius (1560–1613) steht wiederum für den einzigen bekannten Fall, in dem ein am Inquisitionsprozess beteiligter Geistlicher ein Ende der Torturen forderte – und die Gepeinigte anschließend sogar freikam. Praetorius allerdings verlor daraufhin seine Stelle als Hofprediger und wurde Dorfpfarrer im badischen Laudenbach. Auch Spee (1591–1635) wurde strafversetzt und starb, nachdem er sich bei der Seelsorge pestkranker Soldaten infiziert hatte.

Hexenverbrennung in Derneburg (Flugblatt, 1555) ↗

Im Museum der Alten Burg Penzlin →

Ein erschröckliche geschicht/so zu Derneburg in der Graffschafft Reinsteyn/am Hartz gelegen/von dreyen Zauberin/unnd zwayen Mañen/Jn etlichen tagen des Monats Octobris Jm 1555. Jare ergangen ist.

Die alte Schlang der Teüffel/dieweyl er Got/und zůuoran den Sun Gottes/unsern Herrn Jesum Christum/und das gantze menschliche geschlecht/fürnemlich umb unsers Haylands Christi willen hasset/hat er sich bald im anfang/und kürtzlich nach der erschaffung umb dz weibsbild/als umb die/welcher same seinen kopff zertretten solt/angenomen/dieselbigen durch sein hinderlist und lugen/zů dem jämerlichen fal/deß un glaubens uñ ungehorsams wider Got gebracht/Darauß das gantz menschlich geschlecht/in ewige verdamnuß uñ verderben komen were/so Christus unser Hayland/den zorn des Vatters nicht weckgenomen/und das gericht wider uns auffgehaben het. Nu behelt der alte Feind gleichwol al-

…part zů/als dem schwecheren
…e wie die Götter/Also bläßt
…üt/und also den Göttern ge
…e geschicht/welche warhaff-
…ngen. Auff das doch die rohe
…e derhalben solche Exempel
…d straffe erweckt/man mag
…ů Gottes forcht/gehorsam/
…g des gerichts sich nahet/gar
…eüfflein wüttet/Die ellende
…Got/kain gericht oder straff/
…armes heüfflein vor im und

ORTE DER ERINNERUNG Viele Stadt- und Spezialmuseen setzen sich mit der lokalen Hexenverfolgung auseinander. Einen guten auch überregionalen Überblick gibt das Museum zur Hexenverfolgung in der Alten Burg Penzlin. Das Denkmal von Friedrich Spee findet man in der Trierer Jesuitenkirche. Anton Praetorius´ Gedenkstein steht vor der Martin-Luther-Kirche in Laudenbach.

1277 | VERURTEILT WEGEN „SODOMIE"

Ein frühes Opfer der Homosexuellen-Verfolgung

Ein nicht näher bekannter Dominus von Haspisperch wurde 1277 auf Befehl von König Rudolf I. zum Tod auf dem Scheiterhaufen verurteilt. Er gilt als das erste belegte Opfer der Verfolgung von „Sodomisten", wie man Homosexuelle zunächst nannte. Zwar gilt das Mittelalter nicht als generell homophob, aber zahlreiche Verurteilungen sind auch in der Folge ausgesprochen worden. Die 1532 erschienene und alsbald weit verbreitete Constitutio Criminalis Carolina (siehe Seite 102) setzte schließlich den folgenden Maßstab: „So ein mensch mit einem Viehe, Man mit Man, Weib mit Weib Vnkeusch treibenn, die habenn auch das lebenn Verwurckt, Vnd man solle sy, der gemeynen gewonheit nach, mit dem feure vom lebenn zum tode richtenn."

Das Schwule Museum in Berlin befasst sich weniger mit der Historie als mit dem deutschen 19. und 20. Jahrhundert, jener Ära, in der Diskriminierung und Verfolgung ihre traurigen Höhepunkte erreichten. Kaum war das Deutsche Reich unter Dach und Fach, widmete man sich auch schon den Schwulen. Bereits am 1. Januar 1872 trat der berüchtigte Paragraf 175 des Deutschen Strafgesetzbuches in Kraft. Er verbot unter Strafe den Sex zwischen Personen männlichen Geschlechts.

Sowohl im Kaiserreich als auch später in der Weimarer Republik wurden durchaus auch liberale Positionen vertreten. Einen Meilenstein auf dem Weg zur Schwulenemanzipation setzte 1897 der Sexualforscher Magnus Hirschfeld mit der Gründung des Wissenschaftlich-humanitären Komitees (WhK). Sein Hauptziel, den 175er abzuschaffen, verfehlte das WhK jedoch. Stattdessen begann mit seiner Auflösung 1933 durch die Nationalsozialisten die schlimmste Phase der Verfolgung. Der Homosexuellen-Paragraf wurde noch einmal deutlich verschärft, in „erschwerten Fällen" drohten nun bis zu zehn Jahre Zuchthaus. Darüber hinaus wurden Tausende Männer wegen ihrer homosexuellen Neigung in Konzentrationslager verbracht, viele von ihnen starben. Nach mehreren Abschwächungen ab den späten 1960er-Jahren wurde der § 175 am 11. Juni 1994 aus dem Strafgesetzbuch gestrichen. Rund 140 000 Männer waren bis dahin auf seiner Basis verurteilt worden.

Im Schwulen Museum Berlin ↗

Christopher Street Day 2008 in Berlin →

ORTE DER ERINNERUNG Neben dem Schwulen Museum Berlin steht auch das Denkmal für die im Nationalsozialismus verfolgten Homosexuellen in der Hauptstadt. Alljährlich zum 28. Juni wird in vielen deutschen Städten der Christopher Street Day begangen, heute ein Fest-, Gedenk- und Demonstrationstag für Schwule und Lesben.

1349 | DIE PEST

Europa wird entvölkert

Es begann mit verseuchten Murmeltierpelzen aus Zentralasien, die über die Fernhandelswege nach Europa gelangten. Im September 1347 brach die Pest in Messina an der Stiefelspitze Siziliens aus. Zu Beginn des folgenden Jahres erreichte sie Pisa, Venedig und Florenz, bevor sie schließlich nach Frankreich überschlug. Ab 1349 grassierte sie in den Städten entlang des Rheins, und bald darauf waren auch Bremen, Hamburg und Lübeck an der Reihe. Es folgten Skandinavien und Russland, wo die Epidemie bis 1353 abklang. Am Ende, so die Schätzungen, hatte die Seuche ein Drittel der europäischen Bevölkerung dahingerafft. Was blieb, war berechtigte Angst – denn der Schwarze Tod war nicht zum ersten und nicht zum letzten Mal über die Menschheit gekommen.

In den Jahrhunderten der Unwissenheit sollte Gottvertrauen gegen die teuflische Epidemie helfen. Allerorten wurden Pestsäulen aufgestellt, die schönste vielleicht im schwäbischen Wallerstein. „Die wüste Seuche sei fern von Heimat und Haus", lautet die Inschrift des opulenten Barockwerks. In Freiburg, vor dem Haupteingang des Münsters, stehen wiederum gleich drei hoch aufragende Pestsäulen. Gekrönt werden sie von der Jungfrau Maria und den Stadtpatronen Lambert von Lüttich und St. Alexander. Der Glaube allein jedoch war offenbar nicht stark genug. Wann immer die Pest ausbrach, wurde nach Sündenböcken gesucht. Und gefunden wurden stets die Juden. Oft schon bevor die jeweilige Stadt betroffen war, stürmten aufgebrachte Horden die Judenviertel und richteten Verwüstungen an. Die Pogrome des Jahres 1349 forderten Tausende Opfer. In Mainz entschlossen sich die Juden zur Verteidigung und töteten 200 Angreifer. In Worms hingegen zündeten 400 Mitglieder der jüdischen Gemeinde ihre Häuser selbst an und starben in den Flammen.

Nach Vorarbeiten von Robert Koch entdeckten die Engländer Charles Rothschild und Karl Jordan um 1900 den Rattenfloh, der die bakterielle Krankheit übertrug. Besiegt ist die Pest jedoch bis heute nicht. Unter anderem brach sie 1994 in Indien aus. Weil inzwischen wirksame Antibiotika existieren, hielt sich die Zahl der Toten jedoch in Grenzen.

Ein Priester segnet pestkranke Mönche, engl. Buchmalerei (um 1360/80). ↗

Der hl. Rochus zeigt auf seine Pestbeule, St. Lorenz, Nürnberg. →

ORTE DER ERINNERUNG In vielen Städten findet man Pestsäulen, etwa in Halle, Wallerstein und Freiburg. Das Deutsche Medizinhistorische Museum in Ingolstadt dokumentiert die Geschichte der Pestforschung. Beeindruckend auch der Rochus-Altar in der Nürnberger St.-Lorenz-Kirche mit einer Figur des Heiligen, auf seine Pestbeule zeigend.

10. Januar 1356 | DIE GOLDENE BULLE

Ein Grundgesetz des Mittelalters

Rund hundert Jahre hatten die Stauferkaiser Friedrich I. und II. regiert, bevor ihre Ära 1250 endete (siehe Seite 66). Das herrscherlose Machtvakuum der folgenden zwei Jahrzehnte ist als Interregnum in die Geschichte eingegangen. Ohne Oberhaupt verwilderte der lose Bund des Heiligen Römischen Reiches. Rund 200 Landesherren kämpften um Macht und Territorien, Raubritter belagerten die Handelswege. Mit Zusammenschlüssen wie der Hanse (siehe Seite 82) versuchte das städtische Bürger- und Kaufmannstum, sich eigene Strukturen zu schaffen. Auf politischer Ebene wiederum gewannen allmählich die bis dato sieben Kurfürsten den größten Einfluss – die Erzbischöfe von Köln, Trier und Mainz als geistliche Fürsten sowie vier weltliche Fürsten. Sie allein wählten fortan den deutschen König und statteten ihn mit allen Rechten aus. Der Einfluss des Papstes wurde deutlich geschwächt.

Der erste Herrscher, der sich dieser über Jahrzehnte gewachsenen Gewohnheitsrechte annahm, war der 1355 zum Kaiser gekrönte Karl IV. (1316–1378) aus dem Geschlecht der Luxemburger. Am 10. Januar 1356 erließ er auf dem Nürnberger Hoftag eine Gesetzessammlung, die als „Goldene Bulle" in die Geschichte eingehen sollte. Erstmals wurden hier die Modalitäten zur Wahl des deutschen Königs sowie die Rechte der Kurfürsten festgeschrieben. Neben der Zusicherung ihrer Immunität und der Unteilbarkeit ihrer Territorien betraf das auch die kurfürstlichen Rechte zur Münzprägung, zum Zoll und zur Ausübung der Rechtsprechung. Außerdem wurde ein jährliches Treffen des Kurfürstenkollegs vereinbart – ein mächtiges Gremium als Gegenpol und Kontrollorgan aller zukünftigen Kaiser.

Ob das Königtum durch die Goldene Bulle in seiner Macht beschränkt oder damit lediglich ein Status quo verschriftlicht wurde, ist umstritten. Zweifellos jedoch handelt es sich bei ihr um das wichtigste Verfassungsdokument des Heiligen Römischen Reiches, das erst mit dessen Auflösung 1806 Makulatur wurde. Und was den seltsamen Namen betrifft: Bulle stammt von lateinisch „bulla" (Blase) und bezeichnet das münzrunde Metallsiegel mittelalterlicher Urkunden. Im Falle Karls war diese Bulle aus Gold.

Die Goldene Bulle Karls IV., Prunkhandschrift König Wenzels (1400) ↗

Die Uhr mit dem „Männleinlaufen" an der Marienkirche am Hauptmarkt in Nürnberg →

ORTE DER ERINNERUNG Eines der sieben Originale der Goldenen Bulle lagert im Staatsarchiv Nürnberg. Das „Männleinlaufen" am Giebel der Nürnberger Frauenkirche erinnert täglich um 12 Uhr an die Huldigung vor Karl durch die sieben Kurfürsten anlässlich der Gesetzesverkündung.

2. Februar 1356 | DIE HANSE

Der erste Hansetag in Lübeck

Der dänische König Waldemar II. (1170–1241) hatte zu Beginn des 13. Jahrhunderts das Gebiet zwischen Hamburg und der Oder besetzt, unter Duldung des deutschen Kaisers Friedrich II. Aber die beiden Blaublüter hatten ihre Rechnung ohne die norddeutschen Landesherren und Städte gemacht, die sich zu einem gut organisierten Verbund zusammenschlossen: der später sogenannten Hanse. Unter der Führung Lübecks zogen sie am 22. Juli 1227 in die Schlacht bei Bornhöved und vertrieben die Dänen. Dieser Sieg schuf die Voraussetzungen für den Aufstieg Lübecks zur führenden Handelsstadt im südlichen Ostseeraum. Das Lübecker Rathaus war dann auch der Ort, an dem man sich am 2. Februar 1356 zum ersten Hansetag traf.

Schon ab dem 12. Jahrhundert hatten niederdeutsche Handelsstädte damit begonnen, sich zu strategischen Partnern zusammenzuschließen. An zentralen Orten wurden Kontore genannte Umschlagplätze eröffnet. Beim Transport half man sich gegenseitig, indem man Waren und Personal der Gesellschafter mit aufs Schiff nahm. Bis zur Mitte des 15. Jahrhunderts regierte die Hanse den Warenaustausch im Norden des Kontinents – osteuropäische Pelze, Fische und Flachs wechselten in den Westen, der dafür fertige Tuche und Metallwaren, vor allem Waffen, retourschickte. Fast 200 See- und Binnenstädte gehörten ihr zu ihrer Blütezeit an, ein Netz, das heute zwanzig europäische Staaten abdeckt. Die Hanse war in dieser Hinsicht nicht nur ein Vorläufer der Europäischen Union, sondern auch Prototyp einer transkontinentalen, „globalisierten" Ökonomie.

In den großzügigen Räumen des Lübecker Hansemuseums stapeln sich zeittypische Waren. Man spaziert durch 500 Jahre Handelshistorie, die letztlich ein zähes Ende fand. Den größten Klotz nämlich hatten sich die Mitglieder selbst ans Bein gebunden, indem ihre Vereinbarungen während der Hansetage nach Einstimmigkeit verlangten. Die daraus resultierende Verlangsamung von Entscheidungen gilt als eine Ursache für das Scheitern des Städtebundes. Zum letzten von über 90 Hansetagen, wiederum in Lübeck, erschienen 1669 noch ganze neun Abgeordnete.

Sitzung des Lübecker Ratsgerichts 1625, Gemälde von Hans van Hemßen ↗

Modell einer Bremer Hansekogge im Schifffahrtsmuseum Bremerhaven →

ORTE DER ERINNERUNG Das Europäische Hansemuseum steht seit 2015 in Lübeck. An der Hamburger Süderstraße erinnert eine Denkmalsäule an die Hansekoggen. Ein havariertes Originalexemplar steht im Schifffahrtsmuseum Bremerhaven.

1. Oktober 1386 | DIE HEIDELBERGER UNIVERSITÄT

Früheste Alma Mater auf deutschsprachigem Gebiet

Welche die älteste deutsche Universität sei, ist schwer zu bestimmen. Die frühen Gründungen von Bologna (1088) und Prag (1348) lagen zwar innerhalb des Heiligen Römischen Reiches, jedoch nicht in einem hauptsächlich deutschen Sprachraum. Nimmt man die heutigen Grenzen als Maß, öffnete die erste deutsche Universität 1386 in Heidelberg ihre Pforten. Unterrichtet wurde dort jedoch weder auf Deutsch noch auf Kurpfälzisch – die Sprache der Alma Mater war Latein.

Nicht zufällig fiel die Universitätsgründung in die Zeit des Großen Abendländischen Schismas. Mit ihr installierte Papst Urban VI. ein neues geistig-geistliches Zentrum zur Stärkung seiner Position gegenüber seinem Rivalen Clemens VII. Das Heidelberger Universitätsmuseum, zentral untergebracht in der Alten Universität, lässt die Geschichte vor allem in Form von Stellwänden Revue passieren. Ein Stockwerk höher jedoch taucht man ein in die Atmosphäre einer altehrwürdigen Bildungsstätte. Die dortige Aula war 1886 anlässlich der 500-Jahr-Feier der Alma Mater umgestaltet worden. Hier trifft historisierende Renaissance auf knarzende Eiche. Büsten der Gründerväter und Förderer sowie die hohe Kassettendecke schaffen ein respektheischendes Ensemble. Zu den wertvollsten Schätzen der Heidelberger Universität gehört der Bestand ihrer Bibliothek. Die Ursprünge dieser Sammlung reichen zurück bis in die Gründerzeit des späten 14. Jahrhunderts. Gekrönt wird sie vom prächtigen „Codex Manesse" mit seiner mittelhochdeutschen Liedersammlung (u. a. von Walther von der Vogelweide, Hartmann von Aue und Gottfried von Straßburg).

Gegenüber Frankreich und England kam die Universitätsgeschichte in deutschen Landen relativ langsam in Gang. Erst Reformation und Gegenreformation sorgten für Vorschub, unterstützt von der territorialen Zersplitterung des Heiligen Römischen Reiches. Jeder Duodezfürst war erpicht auf die Gründung einer eigenen Hochschule, sodass gegen Ende des 18. Jahrhunderts nirgendwo in Europa so viele Universitäten existierten wie hierzulande. Die notorische deutsche Kleinstaaterei: Wenn man so will, hatte sie auch ihr Gutes.

36

Die Aula der Alten Universität ↗
Der Sängerkrieg auf der Wartburg, Ausschnitt aus dem Codex Manesse →

hie krieget mit lange. h̄ walth vō d’vogilweide. h̄ wolfram von Eschubach
h̄ Reimander alte der tugenthafte schuber. heinrich vō Ofteringe
vn klingelor von vngerlant.

14. April 1397 | DIE ZUNFT DER SEIDMACHERINNEN

Ein Meilenstein der Emanzipation

Natürlich ist es Unsinn, für die Entstehung der Frauenbewegung ein genaues Datum festzusetzen. Aber es liegen markante Meilensteine auf dem Weg. Ausgehend von Frauenrechtlerinnen der Französischen Revolution, etwa Olympe de Gouges, die 1791 die *Erklärung der Rechte der Frau und Bürgerin* verfasste, begann sich im 19. Jahrhundert auch in Deutschland eine Suffragettenbewegung herauszubilden. Ihr Kampf mündete am 30. November 1918 in das allgemeine Wahlrecht auch für Frauen. Mit dem Gleichberechtigungsgesetz machte sich die Bundesregierung 1957 endlich daran, den Artikel 3, Absatz 2 des Grundgesetzes („Männer und Frauen sind gleichberechtigt") ins reale Leben zu übersetzen (siehe Seiten 176 und 196). Die massiven Anstrengungen der „68er" mündeten schließlich in eine Gegenwart, in der die Gleichberechtigung der Geschlechter zumindest de jure hergestellt ist.

37

Wer sich auf die Suche nach alten Wurzeln der Emanzipation macht, landet früher oder später in einer winzigen Gasse am historischen Kölner Heumarkt. „Unter Seidmacher" liest man da noch an der Wand eines alten Brauhauses, in Stein gemeißelt und goldfarben herausgestellt. Aber das entsprechende Verkehrsschild schräg gegenüber weist den Durchgang seit 1986 als „Seidmacherinnengässchen" aus. Dafür gekämpft hatte der Kölner Frauengeschichtsverein, und zwar mit einem kaum zu widerlegenden Argument: Die Seidmacherei war in fast ausschließlich weiblicher Hand, also musste hier auch die feminine Form stehen. Im Laufe ihrer Forschung machten die Kölner Historikerinnen eine weitere Entdeckung: Die hiesige Seidmacherinnenzunft ist in deutschen Landen die älteste urkundlich belegte ihrer Art. 1396 hatte sich der Rat der Stadt mit dem „Verbundbrief" eine frühe, vordemokratische Verfassung gegeben. Am 14. April des Folgejahres bestätigte er die Rechte von vier Frauenzünften, deren größte die der Seidmacherinnen war. Kauffrauen wie die äußerst erfolgreiche Fygen Lutzenkirchen wurden damit zu Protagonistinnen einer zwar noch nicht konkret politischen, aber zumindest ökonomischen Emanzipation.

Das Seidmacherinnengässchen in Köln ↗

Fygen Lutzenkirchen am Kölner Rathausturm, zu erkennen an den Stoffbahnen in ihren Händen →

ORTE DER ERINNERUNG Das Seidmacherinnengässchen in der Kölner Altstadt erinnert an den historischen Aufschwung der Frauenzunft. Fygen Lutzenkirchen, berühmte Seidmacher-Kauffrau des 15./16. Jh., ist eine Figur des Kölner Rathausturms nachgebildet.

22. Juli 1398 | SALZ, DAS „WEISSE GOLD"

Der Stecknitzkanal geht in Betrieb

Im Deutschen Salzmuseum zu Lüneburg steht ein blendend weißer Quader der Superlative. Der sechs Tonnen schwere Koloss stammt aus einem Urmeer, das ihn vor 230 Millionen Jahren hier zurückließ. Manchem heutigen Zeitgenossen mag sich nicht erschließen, warum man diesem Stück Salz ein Museum weiht, wo man das entsprechende Produkt doch für ein paar Cent in jedem Supermarkt bekommt. Aber das war eben nicht immer so, im Gegenteil: Salz war ein ebenso rares wie schwer zu beschaffendes und deshalb teures Gut. Wegen Natriumchlorid, diesem kristallinen Stoff, starben Menschen und fielen Königreiche. Nicht umsonst nannte man es deshalb auch: das weiße Gold.

Die alten Ägypter präparierten ihre Mumien mit Salz, Krieger rieben es zur Desinfektion in ihre Wunden. Schon vor 10 000 Jahren begannen die Menschen, Salz zum Haltbarmachen von Speisen zu benutzen. In Salz gepökelt, kann Fleisch über Monate konserviert werden. Und Fisch gelangte auf diese Art unverwest von den Netzen der Seefahrer auf die Teller der Bürger in den Städten des Binnenlandes.

Die Salzgewinnung sowie der damit verbundene Heringsumschlag ließen Lüneburg zu einem einflussreichen Mitglied der Hanse (siehe Seite 82) aufsteigen. Dies galt erst recht ab dem 22. Juli 1398: Der seinerzeit eingeweihte Stecknitzkanal war der erste in Europa, der eine Wasserscheide überwand. Über elf Kilometer verlief er vom Elbenebenfluss Delvenau zum Möllner See. Dadurch war ein schiffbarer Weg von der Elbe zur Ostsee und von den Lüneburger Salinen nach Lübeck entstanden. Der Stecknitzkanal machte die Alte Salzstraße ebenso entbehrlich wie die lange Seefahrt durch den dänisch-schwedischen Öresund. Kein Wunder also, dass Lübecker Kaufleute den Bau trotz des enormen Aufwands finanzierten: Zur Überwindung der Höhenunterschiede mussten 13 Schleusen errichtet werden, allein der Möllner Berg stand 20 Meter hoch im Weg. Um 1500 herum passierten bereits rund 1200 Lastkähne mit bis zu 12,5 Tonnen Salz den Kanal. Mit Lübecks Anschluss an die Eisenbahn 1851 verlor der Stecknitzkanal seine Bedeutung. Die Saline von Lüneburg hingegen produzierte noch bis 1980 weiter.

Karte des Stecknitzkanals mit Darstellung eines Stecknitzschiffs aus dem frühen 17. Jahrhundert ↗

Salzquader im Deutschen Salzmuseum zu Lüneburg →

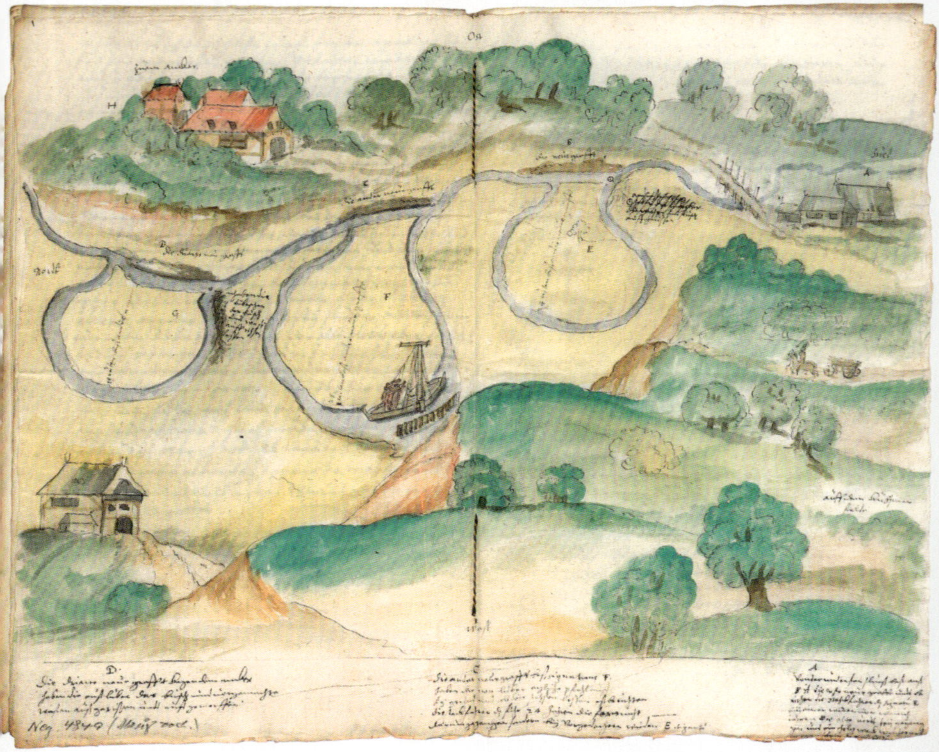

ORTE DER ERINNERUNG Vom Stecknitzkanal hat sich u. a. die Palmschleuse in Lauenburg erhalten. Das dortige Elbschifffahrtsmuseum informiert über die Zeit der Stecknitzfahrt. Die Lüneburger Saline beherbergt heute das Deutsche Salzmuseum. Ebenso existieren Salzmuseen in Süddeutschland, z. B. in Bad Reichenhall.

Herbst 1455 | DIE GUTENBERG-BIBEL

Ein gedrucktes Buch von Welt

Johannes Gensfleisch, genannt Gutenberg (um 1400–1468), war zeitlebens ein streitbarer Mann. Diverse Prozesse begleiteten ein Leben zwischen Geldmangel, gebrochenen Eheversprechen und Verleumdungen. Eine seiner zahlreichen gerichtlichen Auseinandersetzungen focht der gebürtige Mainzer 1439 mit dem Rat der Stadt Straßburg aus. Die dazugehörigen Akten berichten von einer geheimen Kunst des Gutenberg. Dort ist von einer Presse die Rede und von Material, das „zu dem trucken gehöret". Wer also nach einem konkreten „Geburtsjahr" der Buchdruckkunst sucht, liegt mit 1439 wohl nicht ganz falsch.

Bis zur Durchsetzung des neuen Verfahrens und der Erkenntnis, dass es sich hier um nichts weniger als eine Revolution handelte, sollte es jedoch noch ein langer Weg sein. Kopien von Büchern erfolgten zu Gutenbergs Zeit meist noch handschriftlich, in mühsamer Arbeit und Zeile für Zeile. Im Sinne des Worts „federführend" war dabei vor allem der geistliche Stand, dessen Vertreter auch im Zeitalter einer wachsenden Laienbildung noch der Inbegriff der Alphabetisierung waren. Das sollte sich mit Gutenbergs Erfindung ändern. Durch den Druck mit beweglichen Lettern konnten Flugblätter und Schriften schneller, billiger und in größeren Mengen hergestellt werden. Humanismus und Reformation wurden durch den Buchdruck nicht unwesentlich befördert, ermöglichte er doch deren weitläufigere Verbreitung.

Gutenbergs erster großer Druckauftrag hatte es in sich. Die Bibel war es, die er in zwei Spalten à jeweils 42 Zeilen im Blocksatz setzte. Dank der prachtvollen Gestaltung mit 300 verschiedenen Typen, farbigen Initialen und Zeichnungen (die farbigen Teile mussten allerdings noch nachträglich von Hand eingefügt werden) überzeugte er auch Skeptiker von den Möglichkeiten seiner neuen Kunst. Als er im Herbst 1455 die ersten fertigen „B42er" präsentieren konnte, soll die geplante Startauflage (160 Stück) im Nu ausverkauft gewesen sein. Zwei Original-Exemplare der Gutenberg-Bibel liegen in seinem Mainzer Museum, insgesamt 49 existieren weltweit. Dank Gutenbergs Erfindung jedoch wurde das Buch der Bücher inzwischen einige Milliarden Mal gedruckt.

39

Das Mainzer Gutenberg-Museum ↗

Gutenberg-Bibel (Mainz, 1455) →

ORTE DER ERINNERUNG Mainz ehrt seinen berühmten Sohn mit dem Gutenberg-Museum und dem Gutenberg-Pfad, der quer durch die Innenstadt zu den Wirkungsstätten des Meisters führt.

7. August 1495 | DER EWIGE LANDFRIEDE

Die Reformen des Reichstags zu Worms

Das Heilige Römische Reich war bekanntermaßen kein Staat mit dominanter Zentralgewalt. Stattdessen rangen zahlreiche Fürstentümer um Macht, Geld und Territorien. Bis dato hatten sie sich bei jedem Feldzug auf das tradierte mittelalterliche Fehderecht berufen können und waren nach eigenem Gutdünken in den nächsten Krieg gezogen. Der Reichstag zu Worms (26. März–7. August 1495) wollte diese tendenziell anarchischen Zustände durch die Einsetzung einer richtenden Instanz beenden. Im sogenannten Ewigen Landfrieden wurde das Fehderecht formell aufgehoben und stattdessen das Reichskammergericht installiert. Streitigkeiten sollten fürderhin nicht mehr durch Selbstjustiz, sondern auf diesem neuen Rechtsweg entschieden werden – ansonsten drohte die Reichsacht. Damit wurde nach der Goldene Bulle (siehe Seite 8) ein weiterer Grundstein zu einer umfassenden Reichsreform gelegt.

Auf dem Reichstag zu Worms wollten sowohl der König als auch die Fürsten aber noch weitere Reformen durchsetzen. Die größte Umwälzung hätte die Einsetzung eines „Reichsregiment" genannten Parlaments bedeutet, wodurch König Maximilian I. (1559–1519) seine monarchische Macht weitgehend an eine Oligarchie der Kurfürsten verloren hätte. Zum Ausgleich dafür wollte er den sogenannten Gemeinen Pfennig durchsetzen, eine Besteuerung aller Untertanen ab dem 15. Lebensjahr zur Finanzierung der Kriege gegen die Franzosen und Osmanen. Aber wie das Reichsregiment in der Folge lediglich ein paar Mal ergebnislos tagte, so wurde der Gemeine Pfennig bereits 1505 wieder abgeschafft.

Auch der Ewige Landfriede in Kombination mit dem Reichskammergericht schrieb zunächst keine echte Erfolgsstory. Die Idee, das Gewaltmonopol in die Hand des Staates zu legen, drohte im Verlauf des chaotisch-katastrophalen Dreißigjährigen Krieges hinweggespült zu werden. Tatsächlich jedoch blieb das Reichskammergericht bis zur Auflösung 1806 die höchste juristische Instanz des Heiligen Römischen Reiches. Und sein zentraler Punkt findet sich auch noch im Strafgesetzbuch unserer Tage wieder. Unter § 125 (Landfriedensbruch) heißt es dort: „Wer sich an Gewalttätigkeiten gegen Menschen (...) beteiligt (...), wird mit Freiheitsstrafe bis zu drei Jahren (...) bestraft."

40

Dom und Reichskammergericht in Wetzlar, Holzstich (19. Jh.) ↗

Im Reichskammergerichtsmuseum Wetzlar →

ORTE DER ERINNERUNG Am letzten Standort des Reichskammergerichts in Wetzlar wurde ein danach benanntes Museum eingerichtet.

23. April 1516 | DAS REINHEITSGEBOT

Die Deutschen und ihr Bier

Dass es gemälzte statt roher Gerste sein soll, wurde jenem Erlass des Bayernherzogs Wilhelm IV. erst später hinzugefügt. Auch von der Hefe als viertem Ingredienz steht noch nichts zu lesen, denn von deren Funktion im Gärprozess hatte man seinerzeit noch keine Ahnung. Das später so getaufte Deutsche Reinheitsgebot für Bier war das Ergebnis eines bayerischen Landesständetages vom 23. April 1516. Im Wortlaut von damals: „Wir wollen auch sonderlichen, das füran allenthalben in unnsern Steten, Märckten und auf dem Lannde, zu kainem Pier merer Stückh, dann allain Gersten, Hopffen unnd Wasser, genommen und gepraucht sollen werden." Ähnliche Erlasse hatte es andernorts bereits Jahrhunderte vorher gegeben. Das bayerische Gebot jedoch überlebte die Gezeiten und bildete 1906 die Basis für den Gesetzestext des Deutschen Reiches zur Bierherstellung. Nicht ganz zu Unrecht gilt es dem Deutschen Brauer-Bund deshalb als „die älteste noch heute gültige Lebensmittelgesetzgebung der Welt".

41

Den Landständen ging es damals nicht zuletzt um die Volksgesundheit. Denn von den zahllosen damals verwendeten Kräutern waren nicht alle wirklich bekömmlich. Wermut, Stechapfel, Ochsengalle, Bilsen- und Johanniskraut sind nur einige jener Zutaten, die den gepflegten Rausch in wilde Halluzinationen überführen konnten. In Ingolstadt, wo der Landtag sich 1516 versammelt hatte, erinnert seit dem 500-Jahr-Jubiläum 2016 ein Bierbrunnen an die alten Zeiten. Bei Bedarf spendet er sogar echten Gerstensaft. Die herausmodellierten Nasen der Trinker zu berühren, soll Glück bringen, und das kann auch die deutsche Brauindustrie in Zukunft brauchen. Einerseits geht der Pro-Kopf-Konsum von Bier von Jahr zu Jahr zurück. Andererseits rücken den Traditionalisten die jungen Craftbeer-Brauer auf die Pelle: Bier aus Klein- und Kleinstbetrieben, handwerklich produziert und, was die Zutaten betrifft, mit viel Fantasie. Schon im virtuosen Bierland Belgien stieß das Deutsche Reinheitsgebot von jeher an seine Grenzen – möglicherweise wird es in den nächsten Jahren auch binnenländisch aufgeweicht.

Hertel Bierbräuer (gest. 1414), Abbildung aus dem Mendelschen Zwölfbruderbuch, das auf eine Nürnberger Stiftung zurückgeht, die jeweils zwölf alten Männern (meist Handwerkern) einen sorgenfreien Ruhestand ermöglichte →

Der xlvi bruder der do starb hieß
herttel prewprew.

ORTE DER ERINNERUNG In Ingolstadt steht der
Bierbrunnen für die Einführung des Reinheitsgebots.
In Wolnzach in der bayrischen Hallertau gelangt man
zum Deutschen Hopfenmuseum.

31. Oktober 1517 | LUTHERS 95 THESEN

Die Reformation beginnt

„Da unser Herr und Meister Jesus Christus spricht ‚Tut Buße‘, hat er ge-
wollt, dass das ganze Leben der Gläubigen Buße sein soll": So lautet übersetzt
die erste der 95 Thesen, die der 33-jährige Theologieprofessor und Prediger
Martin Luther am 31. Oktober 1517 an die Wittenberger Schlosskirche genagelt haben soll. Mit anderen Worten: Wir werden als Sünder geboren, wir sterben als Sünder, und unser Seelenheil hängt einzig und allein von der Gnade
Gottes ab.

Die katholische Kirche seiner Zeit sah das anders: „Wenn das Geld im
Kasten klingt, die Seele aus dem Feuer springt", reimte der Dominikaner und
Ablasshändler Johann Tetzel (um 1460–1519). Im Wittenberger Lutherhaus
werden einige historische „Ablass-Urkunden" aus dem 16. Jahrhundert aufbewahrt. Eines der Dokumente verspricht dem Käufer zum Beispiel den Erlass von exakt 100 Tagen Fegefeuer – der Handel war gründlich-bürokratisch
durchorganisiert. In Luthers Wittenberger Beichtstuhl hingegen verliefen sich
nur noch die Armen.

Dass er mit seiner Aktion binnen weniger Jahre den christlichen Glauben
in zwei Konfessionen spalten würde, dürfte Luther nicht einmal leise geahnt
haben. Aber schon Ende des Jahres 1517 kursierten quer durch Deutschland
mehrere Drucke der Thesen. Die Reaktionen, egal ob zustimmend oder ableh-
nend, fielen stets hoch emotional aus. Noch 1518 betonte Luther, er stelle sich
nicht generell gegen das Papsttum, sondern habe lediglich auf Missstände hin-
gewiesen. Als man ihm jedoch 1520 mit dem Bann drohte, verbrannte er die
päpstliche Bulle in aller Öffentlichkeit. Ungeachtet des daraufhin verkündeten
Banns lud ihn der Kaiser 1521 vor den Reichstag zu Worms – zu laut waren
die Stimmen seiner Unterstützer bereits geworden, als dass man den Mann
hätte ignorieren können. Weil er seiner „Ketzerei" auch dort nicht abschwor,
wurde mit dem Wormser Edikt vom 8. Mai auch die Reichsacht über Martin
Luther verhängt. Er war damit vogelfrei und konnte von jedermann straflos
getötet werden. Jedoch gelang ihm die Flucht auf die Wartburg bei Eisenach,
wo er sein nächstes Großprojekt in Angriff nahm: Die Übersetzung der Bibel
ins Deutsche.

„Martin Luthers Thesenanschlag", Gemälde von Ferdinand Pauwels (1872) ↗
Das Luther-Denkmal in Wittenberg →

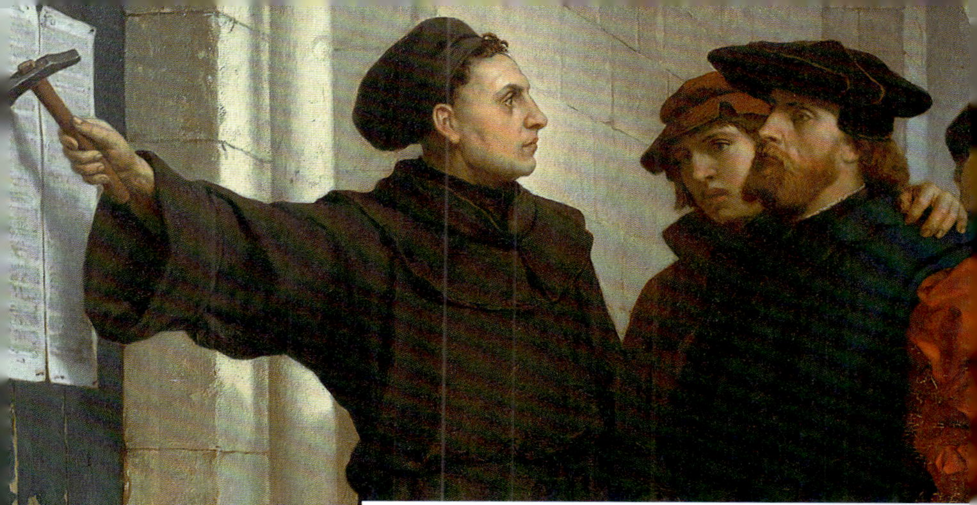

42

ORTE DER ERINNERUNG Die Luther-Städte Eisleben und Wittenberg erinnern auf vielfältige Art und mit eigenen Museen an den Reformator. Die „Thesentür“ an der Wittenberger Schlosskirche wurde 1858 von Preußenkönig Friedrich Wilhelm IV. gestiftet. Das heldische Luther-Denkmal in Worms gedenkt seines Auftritts vor dem Reichstag 1521.

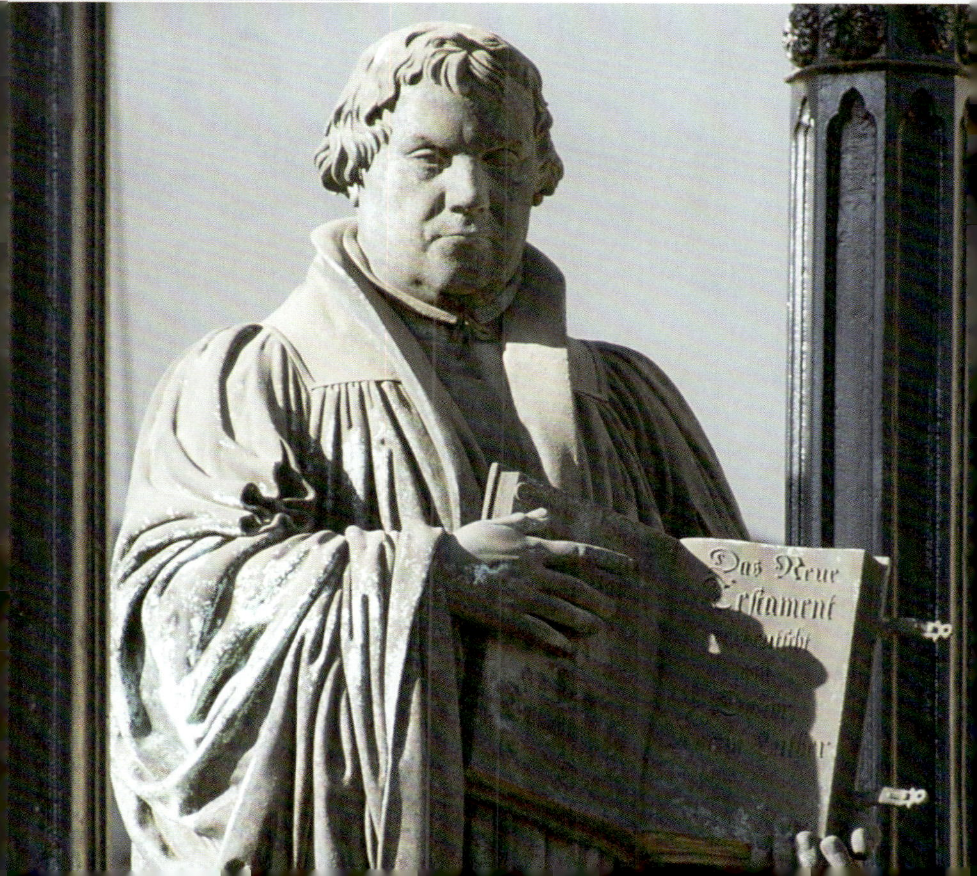

15. Mai 1525 | DER BAUERNKRIEG

Die letzte Schlacht bei Frankenhausen

Der Titel dieses Riesengemäldes klingt nicht nur nach DDR, er stammt auch aus der Zeit ihrer Existenz: „Frühbürgerliche Revolution in Deutschland". Ausgeführt wurde das 14 Meter hohe und im Umfang 123 Meter messende Bild 1983–1987 von dem Leipziger Maler Werner Tübke. Sein „Bauernkriegspanorama", wie man es heute nennt, schmückt die komplette Innenfläche eines spektakulären zylindrischen Bauwerks hoch über Bad Frankenhausen.

Die Ortschaft am Südrand des Kyffhäusergebirges ist gut gewählt. Was hier als monumentales Wimmelbild präsentiert wird, spiegelt die letzte, blutige Schlacht des deutschen Bauernkrieges. Am 15. Mai 1525 stand das Bauernheer Thomas Müntzers bei Frankenhausen einem übermächtigen Fürstenverbund gegenüber. 6000 Aufständische starben, 300 Gefangene wurden am Folgetag in Frankenhausen exekutiert. Aber es war nicht nur die waffenmäßige Unterlegenheit, die zu dieser vernichtenden Niederlage geführt hatte. Längst hatten sozialdynamische Prozesse innerhalb der Allianz zu unüberbrückbaren Differenzen geführt. Das Bauernheer bestand aus materiell Verzweifelten, aus überzeugten Revolutionären, aber auch aus reinen Vandalen, die den Aufstand mit sinnlos-brutalen Aktionen in Misskredit gebracht hatten.

43

Martin Luther, dessen anlaufende Reformation im Grunde Anlass für die Erhebungen gewesen war, hatte sich von ihnen distanziert. Im Gegensatz zu seinem einstigen Weggefährten Müntzer kritisierte er die „mörderischen und räuberischen Rotten der Bauern", die man „zerschmeißen, würgen, stechen, heimlich und öffentlich, wer da kann, wie man einen tollen Hund erschlagen" solle.

Und so geschah es dann ja auch an jenem Frühlingstag. Die Schlacht bei Frankenhausen sollte die letzte sein, auch für den Führer des Aufstands. Thomas Müntzer, der Sozialrevolutionär und Prediger der Apokalypse, wurde gefangen genommen. Nach Folter und Prozess wurde er in Mühlhausen hingerichtet und seine Leiche öffentlich ausgestellt. Die Kraft der Bauern war damit erschöpft. Bis zu ihrer vollständigen Befreiung (siehe Seite 140) sollte es weitere 282 Jahre dauern.

Das Panorama-Museum in Bad Frankenhausen ↗
„Schlachtberg", Entwurf von Werner Tübke für das Bauernkriegspanorama (1979/81) →

ORTE DER ERINNERUNG Das Panorama-Museum von Bad Frankenhausen ist sicherlich das spektakulärste zum Thema. Auch andernorts existieren Bauernkriegsmuseen, etwa in Mühlhausen. Die Stadt ehrt ihren ehemaligen Pfarrer Thomas Müntzer außerdem mit einem Denkmal vor dem Frauentor und einer Gedenkstätte in St. Marien.

27. Februar 1531 | DER SCHMALKALDISCHE BUND

Protestanten setzen sich zur Wehr

Die erste Hälfte des 16. Jahrhunderts war geprägt von politischen und religiösen Konflikten. Erst der Augsburger Religionsfriede von 1555 (siehe Seite 104) sollte für eine zeitweilige Beruhigung sorgen. Ausnahmen bildeten Orte wie das heute thüringische Städtchen Schmalkalden: Es war gleich zwei Herrschern untertan, die zwischen 1525 und 1545 verschiedenen Konfessionen angehörten. Den Einwohnern stand die Wahl zwischen Luthertum und Katholizismus frei, und wie die Geschichtsbücher versichern, verlief diese Zeit der Doppelkonfession durchweg friedlich.

Einen deutlich militärischeren Anstrich hatte hingegen der Anfang 1531 geschlossene Schmalkaldische Bund, was umso erstaunlicher ist, als der Initiator Philipp von Hessen (1504–1567) zugleich einer der erwähnten schmalkaldischen Grafen war. Mit der Erneuerung des Wormser Edikts durch Kaiser Karl V. im Jahr 1531 war der Druck auf die Reformgesinnten gewachsen. Weiterhin blieben Lektüre und Verbreitung der Schriften Luthers verboten.

Die Dauerausstellung im hoch über Schmalkalden thronenden Schloss Wilhelmsburg zeigt, wie sich die Protestanten dagegen zur Wehr setzten. Schon Ende desselben Jahres riefen Philipp und der sächsische Kurfürst Johann Friedrich die lutherischen Reichsstände zusammen. Man verpflichtete sich zu gegenseitiger Unterstützung im Falle eines feindlichen Angriffs und zur Einführung regelmäßiger Abgaben. In den folgenden Jahren wuchs mit der Zahl der Mitglieder auch die Macht des Bundes gegenüber dem habsburgischen Kaiser und seinen Getreuen.

Für viele Historiker markiert der Schmalkaldische Bund die endgültige Spaltung der christlichen Welt. Das Bündnis selbst jedoch ging nach anfänglichen Erfolgen bald zu Bruch. Interne Querelen schwächten den Zusammenhalt, der Schmalkaldische Krieg von 1546/47 endete mit einer verheerenden Niederlage. Philipp, auch der Großmütige genannt, blieb bis 1552 ein persönlicher Gefangener des Kaisers.

44

Im Museum Schloss Wilhelmsburg ↗

Die Schlacht bei Mühlberg am 24. April 1547 entschied den Schmalkaldischen Krieg, Kupferstich von Matthäus Merian d. Ä. (1593–1650). →

Schmalkalden
zwei Herren – zwei Konfessionen

ORTE DER ERINNERUNG Das Schloss Wilhelmsburg in Schmalkalden beherbergt ein reich ausgestattetes Museum zur Geschichte des Bundes. Philipp von Hessen ist zugleich Gründer der weltweit ältesten protestantischen Hochschule: der Philipps-Universität Marburg.

27. Juli 1532 | DIE CONSTITUTIO CRIMINALIS CAROLINA

Das erste allgemeine Strafgesetzbuch

Was die „Straff der brenner" angeht, fasst sich Paragraf 125 sehr kurz: „Item die boßhafftigen überwunden brenner sollen mit dem fewer vom leben zum todt gericht werden." Komplizierter wird es hingegen bei der Frage, welche „Straff so eyn artzt durch sein artzenei tödtet" erhalten soll. Da wird dann schon über eine seriöse Ausbildung und Quacksalberei, über Fahrlässigkeit und Vorsatz disputiert. Besonders ausführlich schließlich werden die Vorschriften zur Anwendung der Folter für Geständnisse sowie zum Umgang mit „Zauberey" (siehe Seite 74) verhandelt. Insgesamt 219 Paragrafen listet sie auf, die Constitutio Criminalis Carolina. Heute gilt sie als das erste gesamtdeutsche Strafprozess- und Strafgesetzbuch.

Schon auf dem Freiburger Reichstag von 1498 hatten sich die Reichsstände darauf geeinigt, den zahllosen Landesgesetzen ein allgemeines Strafrecht überzustülpen. Aber die Mühlen des Gesetzes mahlen langsam. 34 weitere Jahre sollte es dauern, bis die Carolina schließlich am 27. Juli 1532 in Kraft trat. Karl V. und seine Berater hatten sich dabei an der 1507 eingesetzten Halsgerichtsordnung des Bamberger Fürstbistums orientiert, die Leibes- und Lebensstrafen für Straftaten festgelegt hatte. Bereits dort war zugunsten der allgemeinen Verständlichkeit bewusst Deutsch als Sprache gewählt worden.

Quer durch das Heilige Römische Reich wurde zuvor nach lokalen, oft nicht fixierten, sondern mündlich tradierten Grundsätzen Recht gesprochen. Eine Klage anzustrengen, war so aufwendig wie kostspielig. Reiche Täter wiederum konnten sich mit Geld von ihrem Prozess freikaufen. Ungleichbehandlung vor dem Richterstuhl und Willkür bei der Bemessung der Strafen waren an der Tagesordnung. Die Constitutio Criminalis Carolina enthält zum Ende der Vorrede hin eine sogenannte salvatorische Klausel, die den Reichsständen den Bestand ihrer Gerichtshoheit garantiert. Nichtsdestotrotz übernahmen viele Landesherren in der Folge die Bestimmungen der Carolina. Einen vergleichbar weitreichenden Nachfolger fand sie dann erst 1871 mit dem Strafgesetzbuch für das Deutsche Reich.

Die Bamberger Halsgerichtsordnung (1507) →

45

Seyt sich auf dich erfunden hat
Redlich anzeig der missetat
Furstu nit vnschuld auß nach radt
Die peynlich frag sol haben stat

ORTE DER ERINNERUNG Ratifiziert wurde die Carolina auf dem Reichstag zu Regensburg 1532. Im Internet findet man diverse Websites mit digitalisierten historischen Ausgaben der Carolina und ihres Bamberger Vorläufers.

25. September 1555 | DER AUGSBURGER RELIGIONSFRIEDE

Katholiken und Lutheraner in friedlicher Koexistenz

Über die Augsburger Maximilianstraße nähert man sich gen Süden einem seltsamen architektonischen Komplex. In unmittelbarer Nähe zueinander ragen dort zwei Kirchtürme gen Himmel. Davorstehend, könnte man sie für gleich groß halten, aber der hintere ist in Wirklichkeit deutlich höher. Tatsächlich gleich ist hingegen der Name der beiden Gebäude: St. Ulrich. Um die Verwirrung komplett zu machen, unterscheiden sich die Kirchen wiederum in ihrer Konfession: St. Ulrich und Afra, der große Bau, gehört den Katholiken, Evangelisch St. Ulrich hingegen den Protestanten. Ursprünglich war die Hauptkirche von mehreren kleineren Anbauten umgeben. Als 1517 die Reformation in Augsburg einzog, mutierte die größte dieser Kapellen zum Versammlungsort der Neugläubigen. Der bis heute hohe Symbolwert der sakralen Ulrich-Zwillinge verdankt sich nicht zuletzt einem Reichsgesetz vom 25. September 1555:

dem Augsburger Religionsfrieden. Der Beschluss des im Augsburger Rathaus abgehaltenen Reichstags regelte erstmals die friedliche Koexistenz von Katholiken und Lutheranern im Heiligen Römischen Reich Deutscher Nation.

Jahrzehntelang schwelte der erbitterte Streit zwischen den Konfessionen bereits – der Schmalkaldische Bund (siehe Seite 100) hatte bewiesen, wozu die verbündeten Lutheraner fähig waren. Kaiser Karl V., an sich ein ebenso strenggläubiger wie unnachgiebiger Katholik aus dem Hause Habsburg, sah sich zu Kompromissen gezwungen. Der am 5. Februar 1555 eröffnete Reichstag hatte deshalb dezidiert zum Ziel, die aufreibenden Scharmützel zu beenden. Nach monatelangen Verhandlungen dann das Ergebnis: Der lutherische Glaube steht fortan bis auf Weiteres gleichberechtigt neben dem katholischen. Gemäß dem Motto „Cuius regio, eius religio" („Wessen Gebiet, dessen Religion") können Fürsten nun frei über die Konfession ihres Landes entscheiden. Und nicht einverstandenen Untertanen steht – immerhin – die Auswanderung zu.

Gut sechzig Jahre lang hielt der Augsburger Religionsfriede die Kräfte in einem von Anfang an labilen Gleichgewicht. Dann brach, auch als Folge eines Konfessionsstreits, der Dreißigjährige Krieg aus.

Der Augsburger Religionsfriede, Flugblatt zum 100-jährigen Jubiläum 1655 ↗
Die St.-Ulrich-Zwillinge in Augsburg →

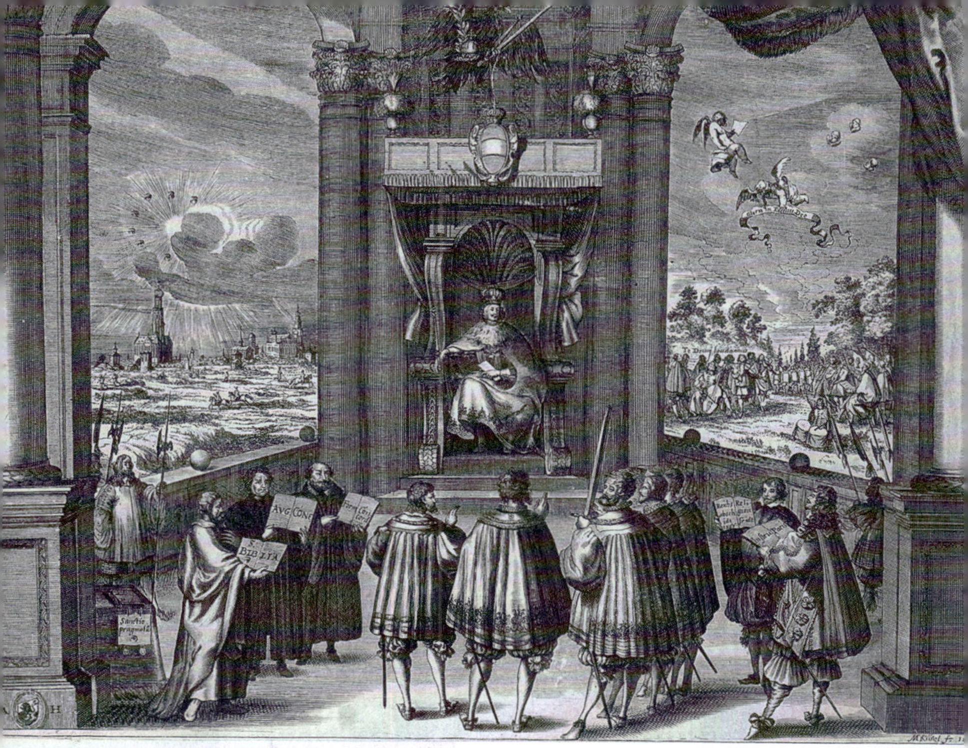

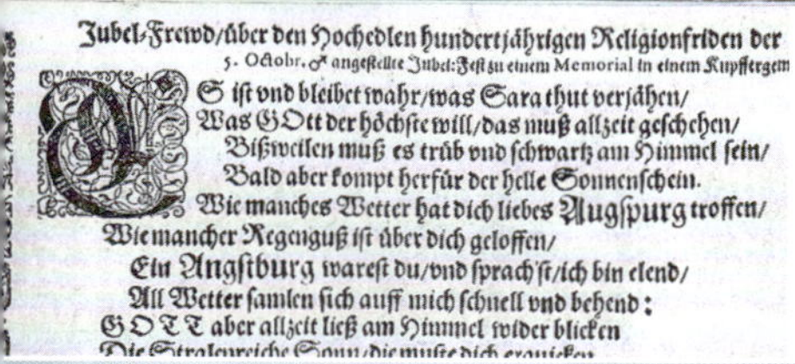

Jubel-Frewd/über den Hochedlen hundertjährigen Religionfriden der
5. Octobr. ♂ angestellte Jubel-Fest zu einem Memorial in einem Kupffergem

O Es ist vnd bleibet wahr/was Sara thut verjähen/
Was GOtt der höchste will/das muß allzeit geschehen/
Bißweilen muß es trüb vnd schwartz am Himmel sein/
Bald aber kompt herfür der helle Sonnenschein.
Wie manches Wetter hat dich liebes Augspurg troffen/
Wie mancher Regenguß ist über dich geloffen/
Ein Angstburg warest du/vnd sprach'st/ich bin elend/
All Wetter samlen sich auff mich schnell vnd behend:
GOTT aber allzeit ließ am Himmel wider blicken
Die Stralenreiche Sonn/die muste dich erquicken

ORTE DER ERINNERUNG Das Augsburger Rathaus, Versammlungsort des Reichstags, ist heute ein Nachfolgebau. St. Ulrich und Afra und Evangelisch St. Ulrich stehen noch immer im rechten Winkel direkt nebeneinander und können besichtigt werden.

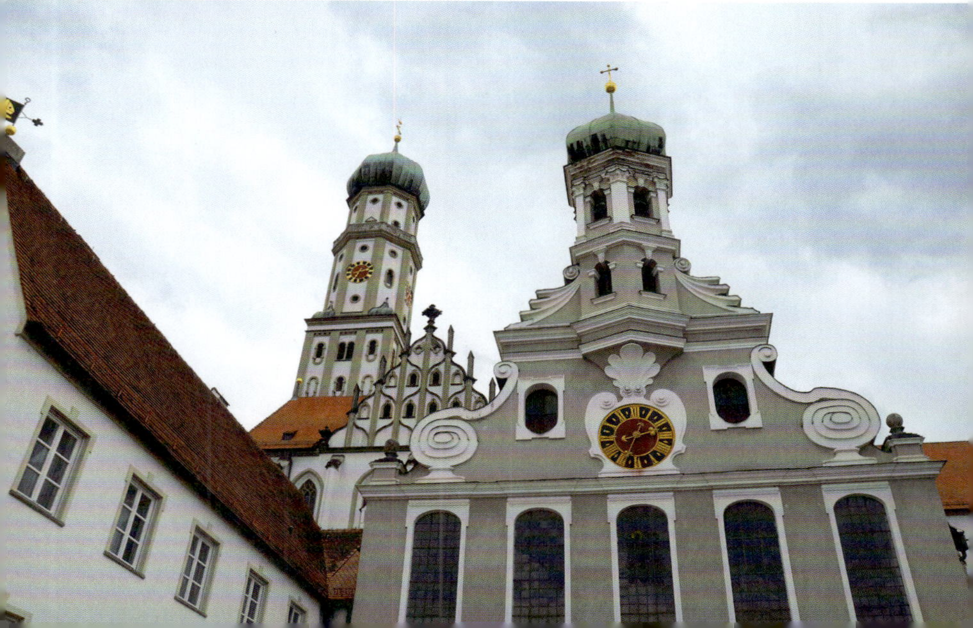

1574 | DIE SCHULPFLICHT KOMMT

Erste Schritte in Zweibrücken

Das Grab Herzog Johanns I. (1550–1604) in der Alexanderkirche ist längst zerstört. Und so erinnert heute in Zweibrücken nichts mehr an seine Pioniertat: die erstmalige Einführung der Schulpflicht. Den deutschlandweit, womöglich weltweit ältesten Nachweis für eine solche Bestimmung bildet ein Dekret Johanns aus dem Jahr 1574. Darin wird gefordert, die Einhaltung der Schulpflicht zu überprüfen – sie muss also damals schon existiert haben. Die Fürsten der pfälzischen Kleinstadt waren früh zum Protestantismus konvertiert. In der Stadtkirche wurde bereits in den 1520er-Jahren auf Deutsch gepredigt. Und weil nach protestantischer Auffassung ein jeder Christ in der Lage sein sollte, die Bibel selbst zu lesen, bildete die Schulpflicht den nächsten konsequenten Schritt.

Auch im übrigen Deutschland waren es protestantische Landesherren, die in Sachen Jugendbildung den Vorreiter gaben. In Preußen arbeitete man seit Anfang des 18. Jahrhunderts daran, eine allgemeine Lehre verbindlich zu machen. Allerdings galt eher eine Unterrichts- als Schulpflicht: Nur wer nicht in der Lage war, sein Kind selbst auszubilden, hatte es in eine Lehranstalt zu schicken. Der Eingriff in die patriarchal-häusliche Autorität wurde zu allen Zeiten auch als Zumutung empfunden. Vielleicht deshalb dauerte es noch einmal rund 200 Jahre, bis der Staat das letzte Fluchtloch schloss. Im Grundschulgesetz der Weimarer Verfassung von 1919 heißt es unmissverständlich: „Es besteht allgemeine Schulpflicht. Ihrer Erfüllung dient grundsätzlich die Volksschule mit mindestens acht Schuljahren und die anschließende Fortbildungsschule bis zum vollendeten achtzehnten Lebensjahre." Stark eingeschränkt waren damit auch die elitären Privatschulen der reicheren Schichten – hinter dem Schreibpult waren alle Schüler (mehr oder weniger) gleich.

Folgte Johann I. noch seiner religiösen Überzeugung, so konstatierten die Väter von Weimar einen Erziehungsauftrag des Staates. Ein sich nach dem 4. Schuljahr aufgliederndes, die vermeintlich Klügeren von den weniger Schlauen trennendes System existiert heute europaweit allerdings außer in Deutschland nur noch in Österreich.

Im Schulmuseum Bergisch Gladbach ↗

Unterrichtsszene, Buchmalerei, um 1400/1420 →

ORTE DER ERINNERUNG Deutschlandweit existieren zahlreiche Schulmuseen, zum Beispiel in Bergisch Gladbach bei Köln, in Dortmund (Westfälisches Schulmuseum) oder im bayrischen Ichenhausen.

23. Mai 1618 | DER FENSTERSTURZ ZU PRAG

Startschuss des Dreißigjährigen Krieges

Schon der erste Prager Fenstersturz von 1419 hatte einen langjährigen Konflikt nach sich gezogen: Die Hussitenkriege fanden erst 1434 ihren Abschluss. Ungleich größere Konsequenzen sollte allerdings der zweite Fenstersturz vom 23. Mai 1618 haben. Auch diesmal standen zunächst religiöse Motive im Vordergrund.

Der Augsburger Religionsfriede von 1555 (siehe Seite 104) hatte die Front zwischen Katholiken und Protestanten scheinbar befriedet. Im zu 90 Prozent protestantischen Böhmen jedoch kam 1617 mit König Ferdinand (1578–1637, ab 1619 Kaiser des Heiligen Römischen Reiches) ein erzkatholischer Regent an die Macht. Er setzte auf Rekatholisierung des Landes und schränkte die Rechte der protestantischen Stände massiv ein. Dem religiösen stand hier folglich von Beginn an auch ein nationales Motiv zur Seite: hier die Vertreter der habsburgischen Monarchie, dort die in die Ecke gedrängten böhmischen Adeligen. Der Konflikt eskalierte nach einem Treffen der Stände am 23. Mai 1618. 200 böhmische Adlige drangen in die Prager Burg ein, um im Machtzentrum der Habsburger ein improvisiertes Gericht zu halten. Ende des Schauprozesses: Die beiden Statthalter Ferdinands sowie ein zufällig anwesender Sekretär werden durch ein Fenster 17 Meter in die Tiefe geworfen.

Die drei Opfer überlebten – angeblich, weil sie auf einem Misthaufen landeten. Ihr Sturz jedoch kam dem Funken gleich, der einen katastrophalen Flächenbrand auslöst. Wie zu erwarten, verstand der Kaiser die Aktion als Kriegserklärung. Nach wechselhaften Kämpfen wurde der böhmische Aufstand erst im November niedergeschlagen. Für die in Wallung gebrachten europäischen Mächte war das jedoch erst der Auftakt. Koalitionäre des Kaisers verlangten Lohn für ihre militärische Unterstützung – es entstand Streit im katholischen Lager. Auf protestantischer Seite traten Dänemark und ab 1630 auch Schweden in den Krieg ein, Frankreich nutzte den Konflikt, um selbst an Stabilität und Einfluss zu gewinnen. In der Folge wurden ganze Landstriche verwüstet und entvölkert, geschätzt sechs Millionen Menschen starben durch Gewalt, Hunger und Seuchen. Erst der Westfälische Friede machte dem Gemetzel ein Ende – dreißig Jahre nach dem Prager Fenstersturz.

48

Das Rathaus in Osnabrück ↗

Der Fenstersturz zu Prag 1618, Kupferstich von Matthäus Merian →

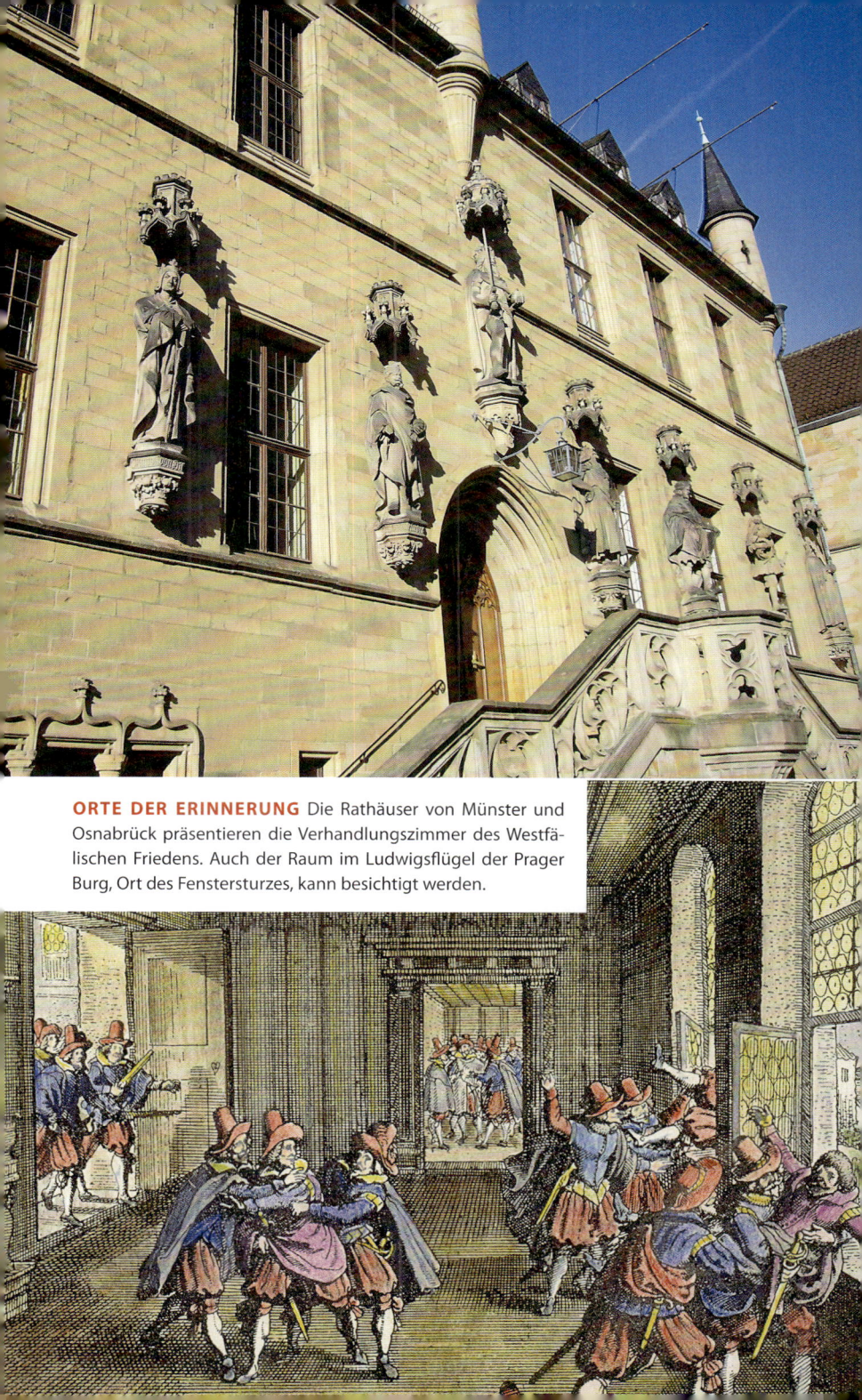

ORTE DER ERINNERUNG Die Rathäuser von Münster und Osnabrück präsentieren die Verhandlungszimmer des Westfälischen Friedens. Auch der Raum im Ludwigsflügel der Prager Burg, Ort des Fenstersturzes, kann besichtigt werden.

20. Januar 1663 | DER IMMERWÄHRENDE REICHSTAG

Ein vordemokratisches Parlament

Der große Salon im Alten Rathaus zu Regensburg war 1360 ursprünglich für festliche Anlässe gebaut worden. Keine Säule stört das bis heute von allen Kriegen verschont gebliebene Prachtgeviert. Als hier am 20. Januar 1663 der Reichstag des Heiligen Römischen Reiches zusammenkam, ahnte niemand, dass sich eine entscheidende Wende anbahnte.

Den Reichstag bildeten der jeweilige König sowie die drei sogenannten Reichsstände: die Kurfürsten, die Reichsfürsten und die Freien Reichsstädte. Bis zu jenem Zeitpunkt hatte der Regent den Reichstag an wechselnden Orten einberufen. Die Fürsten waren, soweit möglich, persönlich erschienen und nach dem Ende der Beratungen, meist nach wenigen Wochen, wieder heimgereist. In Regensburg 1663 jedoch standen wichtige Themen auf der Agenda: Es ging um Folgeregelungen zum Westfälischen Frieden und um die Abwehr der türkischen Gefahr an der Ostgrenze des Reiches. Die Debatten zogen sich hin, so manches wurde „auf die lange Bank geschoben" – eine Redewendung, die angeblich hier im Saal mit seinen langen Abgeordnetenbänken ihren Ursprung hat. Weil bei manchen Themen auch nach Monaten keine Einigung erzielt werden konnte, mutierte der temporäre zum immerwährenden Reichstag. Bis zum Ende des Heiligen Römischen Reiches im Jahr 1806 (siehe Seite 138) sollte sich daran nichts mehr ändern.

Bedeutung erlangte der Regensburger Reichssaal vor allem als politische Plattform. Es waren nun permanent residierende Gesandte statt der Kurfürsten und Landesherren, die hier tagten – Spezialisten in ihrem Fach, Delegierte von ihrem geografischen Status her. Ihre zweimal wöchentlich stattfindenden Treffen ähnelten Sitzungen heutiger Parlamente, es etablierte sich eine Art vordemokratischer Legislative. Auch die Wurzeln des deutschen Föderalismus, manifestiert im heutigen Bundesrat, können hier verortet werden. Und mit der Zeit entwickelte sich Regensburg gar zu einer internationalen Informations- und Kommunikationsbörse. Bis heute befindet sich eingangs des Reichssaals jene Empore, auf der einst die Musiker und ab 1663 die Botschafter anderer Länder den Sitzungen beiwohnten.

Der Reichssaal im Alten Rathaus Regensburg ↗

Sitzung des Reichstags im Juni 1653, zeitgenössisches Flugblatt →

ORTE DER ERINNERUNG Regensburgs Altes Rathaus mit dem Reichssaal kann besichtigt werden.

1. Januar 1683 | DEUTSCHLAND WIRD KOLONIALMACHT

Das Fort Groß Friedrichsburg

„Kommt ihr vor den Feind, so wird derselbe geschlagen! Pardon wird nicht gegeben! Gefangene werden nicht gemacht! Wer euch in die Hände fällt, sei euch verfallen! Wie vor tausend Jahren die Hunnen unter ihrem König Etzel sich einen Namen gemacht, der sie noch jetzt in Überlieferung und Märchen gewaltig erscheinen lässt, so möge der Name Deutscher in China auf 1000 Jahre durch euch in einer Weise bestätigt werden, dass es niemals wieder ein Chinese wagt, einen Deutschen scheel anzusehen!"

Seine berühmt-berüchtigte Hunnenrede hielt Kaiser Wilhelm II. am 27. Juli 1900 in Bremerhaven. Er gab sie jenen Truppen mit auf den Weg, die gemeinsam mit weiteren Kolonialmächten den chinesischen Boxeraufstand niederschlagen sollten. Der selbstherrliche, rassistisch-nationalistische Ton der Ansprache sollte einen unrühmlichen Höhepunkt in der Geschichte der deutschen Kolonialbestrebungen bilden. Und dieselbe Chuzpe sollte bald darauf auch deren Ende einläuten: Mit dem verlorenen Ersten Weltkrieg ging Deutschland aller seiner Kolonialgebiete verlustig.

Durch die vergleichsweise späte Einheit war Deutschland auch auf dem Überseemarkt ins Hintertreffen geraten. Deutsch-Südwestafrika, in etwa das heutige Namibia, war erst 1884 in Besitz genommen worden. Da waren Seemächte wie England und Frankreich längst überall auf der Welt fleißig dabei, ihre Kolonien auszubeuten. Einen frühen Anlauf hatte allerdings bereits der Große Kurfürst, Friedrich Wilhelm von Brandenburg (1620–1688) genommen. Die von ihm beauftragte Expedition zur Gründung einer afrikanischen Kolonie landete 1682 im heutigen Ghana an der westafrikanischen Goldküste. Am 1. Januar 1683 wehte die brandenburgische Flagge über dem „Kap der drei Spitzen" – die Kolonie Groß Friedrichsburg war geboren. Der Handel mit Sklaven, Gold und Elfenbein endete jedoch bereits 1717. Da verkaufte des Kurfürsten Sohn, König Friedrich Wilhelm I. von Preußen, den Stützpunkt an die Niederlande. Für „7200 Dukaten und 12 Mohren, geschmückt mit goldenen Ketten", wie die Gazetten zu berichten wussten.

Das Antikolonialdenkmal in Bremen →

ORTE DER ERINNERUNG In Bremen-Schwachhausen steht das 1931 errichtete Kolonial-, seit 1989 Antikolonialdenkmal. Koloniale Relikte und Raubstücke finden sich in vielen Völkerkundemuseen. Die Ruine der Festung Groß Friedrichsburg steht noch heute am Kap der drei Spitzen, dem südlichsten Zipfel Ghanas.

18. Januar 1701 | DIE SELBSTKRÖNUNG FRIEDRICHS I.

Preußens Weg an die Macht

Der „Alte Fritz" (1712-1786) war ein leidenschaftlicher Sammler von Tabaksdosen. Heutzutage kann man diese im Schloss Charlottenburg bewundern. Ihre Bedeutung jedoch verblasst gegen die hier ebenfalls ausgestellten Kroninsignien seines Großvaters. Reichsapfel, Zepter und Krone symbolisieren das preußische Streben zur europäischen Macht. Seinen hehrsten Zweck erfüllte der Schmuck am 18. Januar 1701: Friedrich, Herzog von Preußen (1657-1713), ließ sich als Friedrich I. zum ersten preußischen König krönen.

Die Thronbesteigung wurde im Rahmen einer Selbstkrönung vollzogen. Den güldenen Kopfschmuck setzte sich Friedrich eigenhändig aufs Haupt. Jahrelang hatte er den habsburgischen Kaiser Leopold I. bearbeiten müssen, um so weit zu kommen. Mehrere Millionen Dukaten wechselten dafür die Schatztruhen, Tausende preußischer Soldaten mussten in kaiserliche Kriege ziehen.

Neben weiteren formalen Machteinschränkungen hatte die Krönungszeremonie selbst außerhalb des Heiligen Römischen Reiches stattzufinden – weshalb Friedrich mit seiner herzoglichen Hauptstadt Königsberg Vorlieb nehmen musste. Der preußische Aufstieg jedoch war nicht aufzuhalten.

Mit seinem selbstherrlichen Akt hatte Friedrich I. der preußischen Bevölkerung so etwas wie eine symbolische Einheit gestiftet. Was nun Königreich Preußen hieß, hatte zuvor einem geografischen Flickenteppich geähnelt: Das Herzogtum rund um Königsberg, die Mark Brandenburg sowie ein paar Flecken weit im Westen bildeten einen löchrigen Verbund. Ostpreußen war im 14. Jahrhundert unter die Herrschaft des Deutschordens gekommen (siehe Seite 70). 1525, nun zunächst als Vasallenstaat Polens, entstand das Herzogtum Preußen. Durch sein Eingreifen im Zweiten Nordischen Krieg (1655-1661) erlangte Kurfürst Friedrich Wilhelm die Unabhängigkeit. Die Königskrönung seines Sohnes 1701 bedeutete für die Dynastie den nächsten folgerichtigen Schritt. Bis 1918 sollte die von Friedrich I. begründete Erbmonarchie bestehen bleiben – zum Guten wie zum Schlechten des preußisch-deutschen Staatswesens.

Krönung Friedrichs I. in Königsberg, Holzstich von Wilhelm Werthmann nach einer Zeichnung von Theobald von Oer (1807–1885) ↗

Die Kroninsignien Friedrichs I. im Charlottenburger Schloss →

ORTE DER ERINNERUNG Der riesige Kron- und Silberschatz der Preußendynastie ist im Charlottenburger Schloss zu besichtigen. Ihr Stammsitz Burg Hohenzollern dient ebenfalls als Museum. Auf reich bebilderte Geschichte trifft man auch im Ostpreußischen Landesmuseum in Lüneburg.

2. März 1705 | EUROPA DRUCKT PAPIERGELD

Eine wichtige Station auf dem Weg zum Euro

Geprägtes Münzgeld entstand im 7. Jahrhundert v. Chr. gleichzeitig in China und Kleinasien. Was das Papiergeld betrifft, hatte das Reich der Mitte jedoch deutlich die Nase vorn. Schon für das Jahr 1024 ist dort das erste papierne Zahlungsmittel nachgewiesen. Edelmetall für die Münzprägung wog schwer auf Reisen, und es war rar. Die chinesische Neuerung schien gleich mehrere Probleme auf einmal zu lösen. Aber so leicht das Papiergeld zu produzieren war, so leicht führte es auch in die Inflation.

Marco Polo brachte die Idee von den Banknoten im 13. Jahrhundert nach Europa. Das Abendland jedoch ließ sich noch gut 200 Jahre Zeit. Erst 1483 machte Spanien den Vorreiter, weitere Nationen folgten. In deutschen Landen war es dann schließlich nicht die heutige Bankenstadt Frankfurt, sondern das heilige Köln, das mit der Ausgabe begann. Der Düsseldorfer Kurfürst Johann

Wilhelm II., Herzog von Jülich und Berg, hatte die Gründung einer eigenen Bank-Dependance in der rheinaufwärts gelegenen Metropole durchgedrückt. Motiv seinerzeit: die notorische Geldknappheit des ebenso prunksüchtigen wie beliebten „Jan Wellem". Die „Banco di gyro d'affrancatione" öffnete am 2. März 1705 ihre Pforten, hinter denen der Kölner Hofbankier Johann Heinrich Sybertz die ersten „Bancozettel" ausgab.

Im reich ausgestatteten Geldmuseum der Deutschen Bundesbank in Frankfurt lässt sich studieren, wie es weiterging mit der Währung. Mit der deutschen Einheit 1871 löste die Reichsmark den zuvor gültigen norddeutschen Taler und den süddeutschen Gulden ab. Wie China blieb auch Deutschland nicht von pekuniären Katastrophen verschont. Die Inflation der frühen 1920er-Jahre mit dem berühmten 100-Billionen-Mark-Schein (100 000 000 000 000, siehe Seite 182) bildete in dieser Hinsicht den traurigen Höhepunkt. Auch nach der Konsolidierung blieb die Reichsmark als Einheit erhalten, bevor die Währungsreformen von 1948 zur Aufspaltung in Mark (Ostzone, ab 1949 DDR) und Deutsche Mark (Westsektoren, BRD) führten. Die Währungsunion vom 1. Juli 1990 leitete schließlich zur Einführung des Euro ab dem Januar 2002 über. Ende offen.

Steingeld der südpazifischen Insel Yap im Geldmuseum Frankfurt ↗
Reichsbanknote: zwei Billionen Mark (5. 11. 1923) →

ORTE DER ERINNERUNG Das Geldmuseum der Bundesbank erzählt die Geschichte von Bargeld, Buchgeld und Geldpolitik. An der Kölner Hohe Pforte Nr. 23–25 stand die Banco di gyro d'affrancatione, die 1705 erstmals deutsches Papiergeld ausgab. Die Straße existiert noch, das Haus ist verschwunden.

30. Mai 1723 | BACH AN DER THOMAS-KIRCHE

Der große Komponist kommt nach Leipzig

Die Leipziger Thomaskirche ist zugleich ein Ort der Stille und der Musik. Kaum ein Tag, kaum ein Besuch vergeht, ohne dass nicht oben auf der Empore geprobt würde. Mal ist es ein Chor, mal ein Organist oder der Solist für das abendliche Konzert. Stets jedoch scheinen Stimmen und Instrumente die Stille dieses geschichtsträchtigen Ortes nicht zu stören – die Thomaskirche und die barocke Musik gehören untrennbar zusammen. Und der Stifter dieser Liaison, Johann Sebastian Bach (1685–1750), ist allgegenwärtig. Draußen vor dem Südflügel steht sein lebensgroßes Denkmal, direkt gegenüber dem Thomaskirchhof gelangt man zum Bach-Archiv und Bach-Museum.

Der Sohn eines Ratsmusikers hatte einige Anstellungen als Organist und Kapellmeister hinter sich, als er in Leipzig anheuerte. Hier intensivierte er seine kompositorische Arbeit. Fünf Jahre nach der Johannespassion kam 1729 die Matthäuspassion zur Uraufführung. Hörte sie damals lediglich eine Kirchengemeinde, wurden sie später ebenso zu weltbekannten Musikstücken wie das, was folgen sollte: die Kantaten des Weihnachtsoratoriums (1734), die Goldberg-Variationen (1741) und die Kunst der Fuge, die Bach ein Jahr vor seinem Tod vollendete.

Dass dieser Enddreißiger von seinen Nachgeborenen einmal zu den größten Komponisten der Welt gezählt werden sollte, konnten die Zeitgenossen nicht ahnen. Der gebürtige Eisenacher Bach war nicht einmal die erste Wahl gewesen, als er sich im Frühjahr 1723 um die Thomaskantorei beworben hatte. Zwei Mitbewerber sagten nach ihrer Nominierung wieder ab, bevor Bach an die Reihe kam. Am 30. Mai des Jahres trat er sein Amt an. Für jede Sonn- und Feiertagsmesse schrieb er fortan eine neue Kantate, einen fleißigeren Angestellten kann man sich wohl kaum wünschen. Zumal die Stücke anschließend auch noch notiert und geprobt werden mussten – zum Beispiel mit dem bereits 1212 gegründeten und bis heute existierenden Thomanerchor. 27 Jahre lang, bis zu seinem Tod, blieb Bach in Leipzig. Nach diversen Umbettungen liegt er heute im Chorraum der Thomaskirche begraben.

Das Bachdenkmal vor der Thomaskirche in Leipzig →

ORTE DER ERINNERUNG Deutschlandweit existieren zahlreiche Bach-Straßen, -Denkmäler und -Museen, u. a. in seinen Wohnorten Eisenach, Arnstadt, Mühlhausen und Köthen. Leipzig ehrt ihn mit dem Bach-Archiv und -Museum sowie mit Denkmal und Grab an/in der Thomaskirche.

JOHANN
SEBASTIAN
BACH

24. März 1756 | DER KARTOFFELBEFEHL

Friedrich der Große führt die Erdknolle ein

In dem Klamaukwestern „Potato Fritz" spielt Hardy Krüger einen trinkfesten Bauern, dessen Kartoffelfelder regelmäßig von Indianern gebrandschatzt werden. Was der Regisseur Peter Schamoni 1975 in seinem skurrilen Film verarbeitete, begann im 18. Jahrhundert mit Friedrich dem Großen. Seine „Kartoffelbefehle" legten ab 1746 die Basis dafür, dass aus den Deutschen „Kartoffelfresser" wurden. Im bekanntesten Dekret vom 24. März 1756 heißt es: „Es ist von uns in höchster Person die Anpflanzung der sog. Tartoffeln, als ein sehr nützliches und sowohl für Menschen als Vieh auf sehr vielfache Weise dienliches Erd-Gewächse, ernstlich anbefohlen. Wo nur ein leerer Platz zu finden ist, soll sie angebaut werden, da diese Frucht auch dergestalt ergiebig ist, daß die darauf verwendete Mühe sehr gut belohnt wird."

Zunächst stieß die Mission des Preußenkönigs auf heftigen Widerstand der Landbevölkerung. Der Ackersmann ist grundsätzlich misstrauisch gegenüber Neuerungen, und so hatte es auch die Erdknolle aus Südamerika schwer. Dermaßen stur waren die Bauern, dass der Alte Fritz noch einmal nachlegen musste und seine Beamten anwies: „Übrigens müßt ihr es beym bloßen Bekanntwerden der Instruction nicht bewenden, sondern durch die Land-Dragoner und andere Creißbediente revidieren lassen, ob auch Fleiß bey der Anpflantzung gebraucht worden, wie Ihr denn auch selbst bey Euren Bereysungen untersuchen müsset, ob man sich deren Anpflantzung angelegen seyn lasse."

Überredungskünste und Drohungen fruchteten schließlich. Keine andere Nation – außer vielleicht die irische – verliebte sich derart innig in den Erdapfel. Die deutsche Scholle wurde flächendeckend zum Knollenacker. Vor allem in ärmeren, ländlichen Gegenden dominierten Kartoffeln die Keller und Küchen. „Sehr viele von ihnen kennen keine andere Nahrung als Kartoffeln und Brot", schrieb eine preußische Kommission über die ärmlichen Zustände in der Eifel des 19. Jahrhunderts. Dem Großen Friedrich hingegen wird bis heute gedankt für seinen Segen: Auf seinem Grab vor Schloss Sanssouci liegen stets ein paar Kartoffeln.

„Der König ist überall", Gemälde von Robert Warthmüller (1886) ↗
Kartoffeln auf dem Grab Friedrichs des Großen am Schloss Sanssouci →

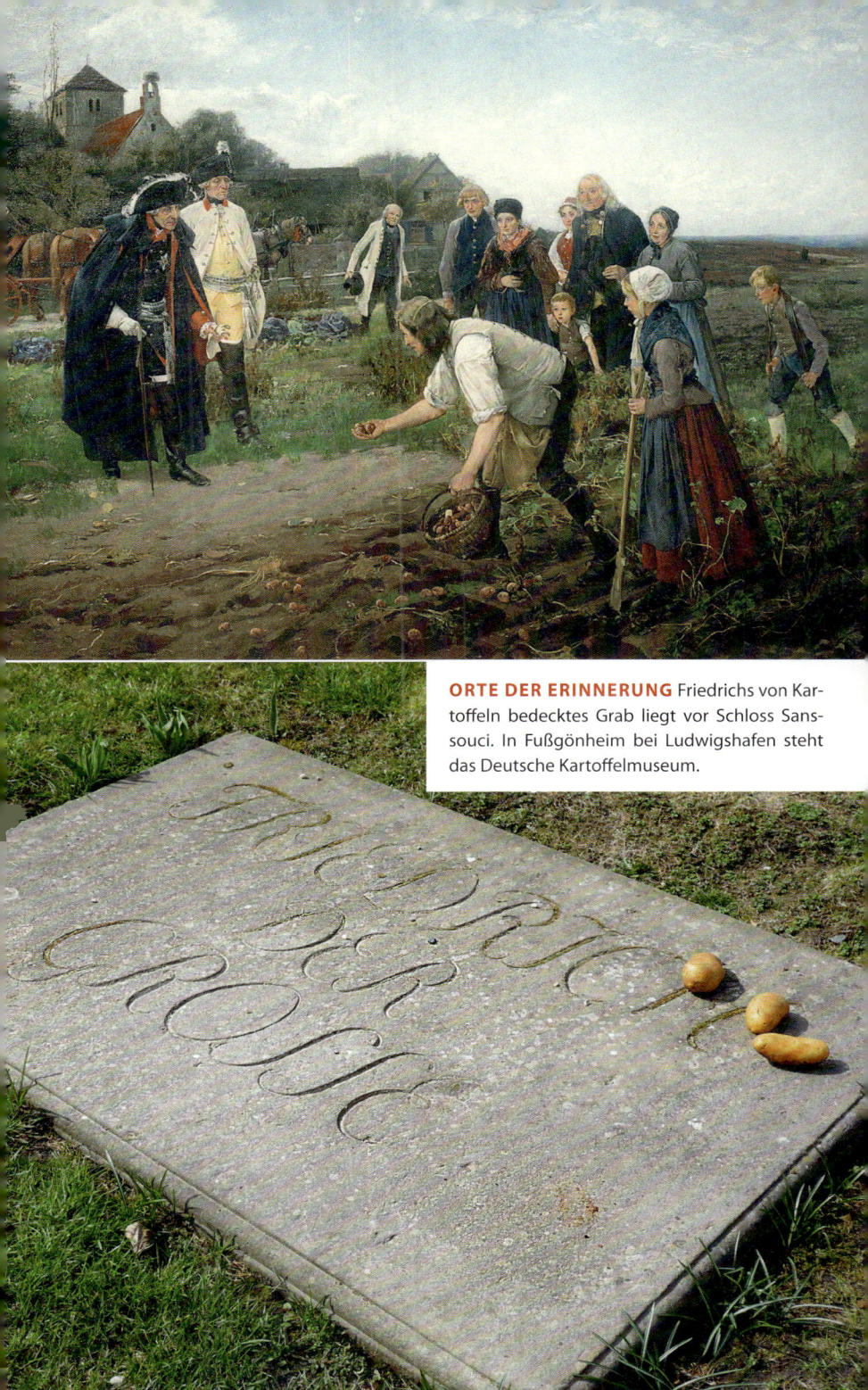

ORTE DER ERINNERUNG Friedrichs von Kartoffeln bedecktes Grab liegt vor Schloss Sanssouci. In Fußgönheim bei Ludwigshafen steht das Deutsche Kartoffelmuseum.

18. Oktober 1758 | AN DER WIEGE DES RUHRGEBIETS

Die St.-Antony-Hütte

Wer die ruhige Landschaft des Niederrheins kennt, der weiß, wie es zwischen Duisburg und Dortmund, zwischen Recklinghausen und Bochum einmal ausgesehen hat: fruchtbare Äcker, dichte Laubwälder, weite Ebenen, und nach Osten, zum Sauerland hin, ein paar erste Hügel. Mitte des 18. Jahrhunderts jedoch war es damit vorbei. Am 18. Oktober 1758 wurde in Oberhausen-Klosterhardt der allererste Hochofen angeblasen. Die St.-Antony-Hütte hatte ihren Betrieb aufgenommen, viele weitere Eisen- und Stahlwerke, Kokereien und Kohlezechen sollten folgen. Ein bäuerlich geprägter Landstrich verwandelte sich binnen weniger Jahrzehnte in ein Industriezentrum: das Ruhrgebiet, auch schlicht das Revier oder der Pott genannt.

Über die Relikte der ersten Eisenhütte wurde 2010 ein 1000 Quadratmeter großes Stahldach in Form eines Wetterschutzsegels gespannt. Im gut erhaltenen Wohn- und Kontorgebäude gegenüber ist heutzutage das Museum zur Geschichte des Standortes untergebracht. Beeindruckend dort: ein Paar schwerer, dickledernen Arbeitsstiefel, das laut Beschriftung rund hundert Jahre getragen wurde. Damit tat es ungefähr genauso lange Dienst wie die Oberhausener Eisenhütte. Die überall aus dem Boden schießende Konkurrenz machte den Pionieren von St. Antony schwer zu schaffen. Nach vielen vergeblichen Umstrukturierungen war der Ofen 1877 endgültig aus.

Das richtig große Zechensterben begann dann Ende der 1950er-Jahre. Im ersten Krisenjahr 1963 schlossen gleich 13 Bergwerke, 10 000 Kumpel wurden arbeitslos. Die Arbeitskämpfe der Bergleute zogen sich über Jahrzehnte. Als 1987 ein Krupp-Stahlwerk in Duisburg-Rheinhausen schließen sollte, gingen über 100 000 von ihnen auf die Straße. Aber auch das konnte den Niedergang nicht aufhalten – der Druck des Weltmarktes war auf die Dauer zu stark. Mit den Bergwerken Ibbenbüren und Prosper Haniel in Bottrop stellten 2018 die letzten ihrer Art den Betrieb ein, den „Pott" gibt es nicht mehr. Wo die alten Anlagen nicht gänzlich abgebaut wurden, hat man sie umgewandelt – in Freizeitparks oder Museen wie in Oberhausen bei St. Antony, wo alles anfing.

Kohlenwäsche in der Zeche Zollverein ↗

Die St.-Antony-Hütte in Oberhausen →

ORTE DER ERINNERUNG St. Antony, die erste Eisenhütte, ist heute ein Museum. Nicht weit davon entfernt liegt mit der Siedlung Eisenheim eine der ältesten Zechenkolonien des Reviers. Das Deutsche Bergwerksmuseum wird von der Stadt Bochum unterhalten. Und das vielleicht eindrucksvollste Relikt steht in Essen: die Zeche Zollverein, inzwischen als Museum, Medien- und Eventstandort genutzt.

15. Februar 1763 | DER FRIEDE VON HUBERTUSBURG

Der Siebenjährige Krieg findet ein Ende

Der Aufstieg Preußens zur europäischen Großmacht war vor allem auf militärischer Stärke gegründet. Friedrich Wilhelm I. (1688–1740), genannt der „Soldatenkönig", hatte das preußische Heer personell deutlich aufgestockt. Doch erst sein als Feingeist titulierter Sohn Friedrich II. (siehe Seite 120) setzte von Anfang an massiv auf den Krieg als politisches Instrument. Beim Einmarsch seiner Truppen am 29. August 1756 in Sachsen sah es allerdings zunächst recht düster aus für die Preußen. Friedrich war von Feinden umringt, während Österreich auf die Unterstützung von Russland, Schweden, Sachsen, Frankreich, Spanien und den Landen des Heiligen Römischen Reiches setzen konnte.

Vordergründig ging es in diesem Krieg „nur" um Schlesien. Der zwischen den Großmächten eingeklemmte, seit 1526 zu Habsburg gehörende und 1742 von Preußen annektierte Landstrich war für sich genommen ein wertvolles Territorium. Vor allem die schlesische Textilherstellung und die Oder als wichtige Handelsstraße schufen Begehrlichkeiten. Wenn der Siebenjährige auch Dritter Schlesischer Krieg genannt wird, dann deshalb, weil mit ihm die preußische Oberherrschaft zementiert wurde. Aber die Dimensionen dieses Konflikts waren größer, begründet vor allem durch die so komplizierte wie weltumspannende Gemengelage zwischen den Parteien. Wie Friedrich II. und die habsburgische Monarchin Maria Theresia um die Vorherrschaft in Mittel- und Osteuropa stritten, so Frankreich und England um die in Nordamerika und Indien. Nicht wenige Historiker sehen deshalb in diesem ersten gesamteuropäischen zugleich einen ersten Weltkrieg.

Der Friede von Hubertusburg, besiegelt am 15. Februar 1763, schrieb letztlich den Status quo ante bellum fest. Preußen saß fortan mit am Tisch der europäischen Großmächte. Die zukünftige Geschichte Deutschlands hatte allerdings zwischenzeitlich an einem sehr dünnen Faden gehangen. Denn hätte Preußen diesen Krieg verloren – und danach sah es etwa nach der katastrophal verlaufenen Schlacht bei Kunersdorf am 12. August 1759 aus –, es hätte sich schwerlich davon erholt.

Schloss Hubertusburg ↗

Symbolische Darstellung des Hubertusburger Friedens, zeitgenössischer Kupferstich von Johann Martin Will →

ORTE DER ERINNERUNG Auf Schloss Hubertusburg wurde zwischen Dezember 1762 und Februar 1763 der Friede ausgehandelt. An Friedrich II. und die Preußen erinnern der Schatz von Schloss Charlottenburg, Bauten des Königs wie die Staatsoper und der Berliner Gendarmenmarkt sowie der preußische Stammsitz Burg Hohenzollern.

Der zwischen Ihro Röm. Kayst. und Königl. Mej. von Ungarn, nebst Sr. Königl. Mej. von Pohlen Churfürst zu Sachsen, und Sr. Königl. Mej. von Preußen den 15. Febr. 1763. zu Hubertsburg glücklich geschlossene Frieden.

Weg mit allem Kriegs Getöne, Friede ist's dis klingt schöne. Freundschafft Fried u. wahre Treu, Reist kein dreyfach Band entzwey. Joh. Martin Will excudit Aug. Vind.

ont. Kinder, nehmt dem Mars, der Deutsch: land so verheert,
rchwörgt, und angeflammt, die Rüstung und das Schwerdt!
r Friede (1) schwinget sich durch die ge: stürtte Höhen
d läst euch wiederum die Freudens Sonne sehen.
e Kriegsflamme hat nun einmahl ausge: brannt.
r Krieger freche (2) Schaar durchzieht nicht mehr das Land.

Die hohe Mächte sind nun einmahl eins ge: worden.
Und treten zum Verglaich (3) dies sezt dem wilden Morden (4)
Das längst gewünschte Ziel, und endiget den Lauf
Der wilden Blutbegier. Diss hebt die Zwie: tracht auf:
(5) Theresia, August und Friedrich liebt den Frieden.
Was nüzet doch der Krieg? er schadet ei: nem Ieden.

Drum Kinder, werft dem Mars (6), der Deutschland so verheert,
Die Trommel vor den Fuß und nehmet ihm sein Schwerdt.
Denn es geschieht ihm recht. Er hat ge: nug verbrochen.
Sein Urtheil wurde ihm in Hubertsburg (7) gesprochen.
Geht nun und plaget den, der euch vorher geplagt.
Daß ers nicht noch einmahl zu euch zu kommen wagt.

20. September 1772 | DIE WEIMARER KLASSIK

Anna Amalia und ihr Musenhof

„Zur Mittwochstafel der Herzogin wurden nur einer oder zwei von Adel, jederzeit aber mehrere schöne Geister eingeladen. Goethe, Wieland und Herder gerieten regelmäßig in lebhaften Streit; von Knebel und Einsiedel nahmen dann Partei. So entstand ein zwar an sich interessantes, aber oft solch lautes Gespräch, dass die Herzogin, Mäßigung gebietend, zuweilen die Tafel früher aufheben musste", beschrieb Anna Amalias Kammerdiener Karl Wilhelm Heinrich von Lyncker den einmal wöchentlich tagenden „Musenhof" im Weimarer Wittumspalais. Noch heute kann man dort am Theaterplatz jenen Saal besuchen, in dem die Weimarer Geistesgrößen damals diskutierten. Das sogenannte Tafelrundenzimmer mit seinem zentralen Speisetisch diente Anna Amalia (1739–1807) als Ort für gesellig-gebildete Soirees mit ihren handverlesenen Gästen.

Weimar war seinerzeit ein verschlafenes Nest, in dem die Mehrheit der rund 6000 Einwohner von Ackerbau und Viehzucht lebte. Die für die deutsche Literatur- und Theatergeschichte so bedeutende Weimarer Klassik mag mit der Freundschaft von Goethe und Schiller ab 1794 erst richtig beginnen. Aber ihre Wurzeln hat sie im Musenhof der Herzogin Anna Amalia aus den 1770er-Jahren. Und will man das Datum noch genauer fassen, so bietet sich der 20. September 1772 an. An diesem Tag nämlich siedelte mit Christoph Martin Wieland der erste Literaturstar seiner Zeit nach Weimar über. Er rollte den Teppich aus für Goethe, Herder, Schiller und viele weitere Dichter und Denker, die das thüringische Residenzstädtchen für etliche Jahre zum geistigen Zentrum Deutschlands machten.

17 Jahre lang regierte Anna Amalia das Herzogtum, eine von ganz wenigen herrschenden Frauen ihrer Zeit. Christoph Martin Wieland erzog und lehrte dieweil ihre beiden Söhne. Der älteste, Carl August, sollte schließlich ab 1775 die politischen Geschäfte von seiner Mutter übernehmen. Es blieb jedoch deren intellektueller Nebenhof im Wittumspalais, der den Ruf Weimars in die Welt trug.

Das Tafelrundenzimmer im Wittumspalais ↗

Anna Amalia (außen rechts) und Damen der Weimarer Hofgesellschaft,
Silhouette (um 1795) →

ORTE DER ERINNERUNG Neben dem Wittumspalais steht die Anna-Amalia-Bibliothek für die engagierte Herzogin. Die Weimarer Klassik symbolisiert auch das Goethe-Schiller-Denkmal von Ernst Rietschel auf dem Weimarer Theaterplatz.

Mai 1779 | NATHAN DER WEISE ERSCHEINT

Ein Meilenstein der deutschen Aufklärung

Epochenbezeichnungen markieren normalerweise vor allem Entwicklungen der Kunstgeschichte. Wie sich mit dem „Barock" oder „Jugendstil" bestimmte architektonische Phänomene verbinden, so mit der „Klassik" und „Romantik" eher ein Stück Literaturhistorie. Die Aufklärung hingegen steht vor allem für einen geistesgeschichtlichen Sprung: für die Aufgabe des Aberglaubens zugunsten der Vernunft und der damit verbundenen Herausbildung eines selbstbewussten, rationalen Individuums. Kein anderes deutsches Werk steht so sinnbildlich für diesen Wandel wie Gotthold Ephraim Lessings „Nathan der Weise".

In Lessings Kamenzer Geburtshaus hängt das sogenannte „Kinderbildnis", das an eine bezeichnende Anekdote von 1734 erinnert: Auf seinen eigenen Wunsch hin sei der damals fünfjährige Gotthold statt mit einem Vogelbauer mit einem großen Haufen Bücher porträtiert worden. Die Bildung war es, die ihn aus der Enge seines Oberlausitzer Elternhauses befreite und ihn schließlich ab 1770 zum Bibliothekar der auch international hochgeschätzten Herzog August Bibliothek von Wolfenbüttel beförderte. In seinen religionskritischen Schriften setzte er sich nicht nur für eine Emanzipation des Intellekts gegenüber der göttlichen Offenbarung ein, sondern auch für die Tolerierung widerstreitender Glaubensbekenntnisse. Zur wirkungsmächtigsten Schrift sollte in diesem Zusammenhang das 1779 veröffentlichte Drama „Nathan der Weise" werden. In der berühmten Schlüsselszene fragt der muslimische Sultan den jüdischen Nathan, welche Religion die einzig wahre sei. Dieser antwortet mit dem Gleichnis eines Vaters, der seinen geliebten Söhnen jeweils einen Ring schenkt, dessen Wirkung einzig vom in ihn gesetzten Glauben abhängt. Ob einer der Ringe einst der „echte" gewesen sei, wird nebensächlich – jüdischer, christlicher und muslimischer Glaube stehen einander gleichberechtigt gegenüber.

Lessing starb zwei Jahre vor der Uraufführung des Nathan am 14. April 1783 in Berlin. Sein Stück über Toleranz und Humanität im Zeichen der Aufklärung jedoch lebt fort auf Bühnen in (fast) aller Welt.

Das Lessing-Museum in Kamenz ↗

Gotthold Ephraim Lessing, Gemälde von Anton Graff (1771) →

ORTE DER ERINNERUNG Sowohl sein Geburtsort Kamenz (Lessing-Museum) als auch die letzte Wirkungsstätte, die Herzog August Bibliothek Wolfenbüttel (Lessinghaus), unterhalten Museen.

18. März 1793 | DIE MAINZER REPUBLIK

Früher Demokratieversuch auf deutschem Boden

Im Mainzer Deutschhaus trifft sich heutzutage der rheinland-pfälzische Landtag zu seinen Sitzungen. Aus gutem Grund wurde der Platz vor dem roten Sandsteingebäude 2013 nach der Mainzer Republik benannt. Denn genau dort formulierte am 18. März 1793 das erste nach demokratischen Grundsätzen gewählte Parlament auf deutschem Boden seine neuen Regeln. „Der ganze Strich Landes von Landau bis Bingen (...) soll von jetzt an einen freyen, unabhängigen, unzertrennlichen Staat ausmachen, der gemeinschaftlichen, auf Freiheit und Gleichheit gegründeten Gesetzen gehorcht", heißt es in Artikel 1. Und darauf folgt: „Der einzige rechtmäßige Souverän dieses Staats, nämlich das freie Volk, erklärt durch die Stimme seiner Stellvertreter allen Zusammenhang mit dem deutschen Kaiser und Reiche für aufgehoben."

Der französische Revolutionsgeneral Custine hatte Mainz am 21. Oktober 1792 eingenommen. Während die einfache Bevölkerung darüber keineswegs in Jubel ausbrach, gründeten einige Intellektuelle schon am Folgetag den Mainzer Jacobinerclub. Auch der Schriftsteller und Weltenbummler Georg Forster, heute bekanntestes Gesicht der Mainzer Republik, schloss sich ihm an. Die Parlamentswahlen vom Februar 1993 organisierte man gemeinsam mit den französischen Besatzern.

Es gibt durchaus Gründe, den ersten Demokratieversuch auf deutschem Boden kritisch zu sehen. Der Eid auf die französische Verfassung wurde mit Gewalt(androhungen) durchgesetzt. Lediglich acht Prozent der Mainzer Bürger beteiligten sich an der Wahl, und die rund 200 Familien der jüdischen Gemeinde hatten die Stadt binnen Tagesfrist zu verlassen. Panik verbreitete das Experiment jedoch vor allem im Lager der alten Mächte. Am 14. April 1793 begann die Belagerung von Mainz durch preußische und österreichische Einheiten. Auf die massive Bombardierung der Stadt folgte am 23. Juli die Kapitulation. Während die französischen Soldaten freien Abzug erhielten, wanderten einheimische Revolutionäre zum Teil für Jahre ins Gefängnis. Die erste deutsche Republik, vom Ausland oktroyiert und von deutschen Truppen bekämpft, war bereits nach vier Monaten Geschichte.

Das Deutschhaus, Tagungsort des Mainzer Revolutionsparlaments ↗

General Custine zieht in Mainz ein, Holzstich nach einer Zeichnung von August Beck. →

ORTE DER ERINNERUNG Der rheinland-pfälzische Landtag trifft sich im Deutschhaus am Platz der Mainzer Republik. Das Stadthistorische Museum Mainz erinnert ebenso an die Republikzeit wie die Jakobinermütze an der Heunensäule auf dem Mainzer Markt.

29. September 1795 | „ZUM EWIGEN FRIEDEN"

Immanuel Kants Schrift für einen vernünftigen Pazifismus

Mit der „Kritik der reinen Vernunft" (1781) hatte er seinem Fach eine neue Richtung hin zur Transzendentalphilosophie eröffnet. Die „Grundlegung zur Metaphysik der Sitten" (1785) und die „Kritik der praktischen Vernunft" (1788) brachten seinen millionenfach zitierten und abgewandelten Kategorischen Imperativ in die Welt: „Handle nur nach derjenigen Maxime, durch die du zugleich wollen kannst, dass sie ein allgemeines Gesetz werde." Wie seine Moralphilosophie schließlich ,im Großen', zwischen Staaten umzusetzen sei, erklärte Immanuel Kant (1724–1804) seinen Zeitgenossen auf sie verblüffende Art: mit dem kurzen Traktat „Zum Ewigen Frieden", veröffentlicht am 29. September 1795.

Zunächst erklären sechs gebotshafte Präliminarartikel, wie der Natur-/ Kriegszustand zu beenden sei. Schon der erste von ihnen verlangt der Menschheit einiges ab: „Es soll kein Friedensschluss als solcher gelten, der mit dem geheimen Vorbehalt des Stoffes zu einem künftigen Kriege gemacht worden." Die Forderung nach der Auflösung stehender Heere zur Unterbindung permanenter Aufrüstung wird auch kein damaliger Herrscher ernsthaft in Erwägung gezogen haben. Die darauf folgenden Definitivartikel erläutern sodann, wie der künftige Friede zu sichern sei: „Die bürgerliche Verfassung in jedem Staate soll republikanisch sein", heben sie an – sechs Jahre nach der Französischen Revolution ein sicherlich unerhörter Satz in den Ohren der preußischen Behörden.

Ganz im Dienste der Aufklärung setzt Kant bei der Verwirklichung seiner Vision auf die menschliche Einsicht: Indem ein Jeder verstehe, dass nur der Friede allen – also auch ihm – dauerhaft zum Vorteil gereiche, verzichte er fürderhin auf kriegerische Handlungen. Wer's glaubt, wird selig, könnte man ein wenig despektierlich erwidern. Aber auch der Autor war sich der Schwierigkeit des Unterfangens bewusst. Dass es mit dem „Ewigen Frieden" noch eine Weile dauern könnte, konzediert Kant dann auch mit seinem Anhang. Der Weg in die friedliche Gesellschaft, schreibt er dort, bestehe aller Wahrscheinlichkeit nach in einer „ins Unendliche fortschreitenden Annäherung".

Kant beim Spaziergang in Königsberg, Lithografie von Heinrich Wolff (um 1910) →

ORTE DER ERINNERUNG In Kants lebenslangem Wohnort Königsberg/Kaliningrad findet man sein Grab an der Außen-Seite des Königsberger Doms, der sogenannten Stoa Kantiana. Vor der Albertus-Universität steht sein Denkmal. Die ostpreußi-sche Geschichte samt Kant arbeitet das Ostpreußische Landes-museum Lüneburg auf.

11. November 1799 | DIE FRÜHROMANTIK

Von der Blauen Blume zum Deutschen Wald

Das Jenaer Romantikertreffen fand vom 11. bis 14. November 1799 in einer frühen Kommune statt. August Wilhelm Schlegel wohnte dort mit seiner Frau Caroline, außerdem Bruder Friedrich in wilder Ehe mit Dorothea Veit. Drei Tage lang versuchten die WGler und ihre Gäste, die Dichter Friedrich von Hardenberg (Novalis) und Ludwig Tieck sowie der Philosoph Friedrich Schelling, sich auf Texte für die nächste Ausgabe ihrer Zeitschrift „Athenaeum" zu einigen. Als dies nicht vollends gelang, zogen sie Goethe im nahen Weimar zu Rate. Denn in einem waren sich die Jenaer Frühromantiker einig: Goethe war gut. Mit der Klassik allerdings wollten sie brechen. Im berühmten 116. Fragment des Athenaeums, dem zwischen 1798 und 1800 erschienenen Zentralorgan der Frühromantik, schrieb Mitherausgeber Friedrich Schlegel: „Die romantische Dichtart ist noch im Werden; ja das ist ihr eigentliches Wesen, daß sie ewig nur werden, nie vollendet sein kann."

Statt des höfischen Weimar hatten sich die Jungdichter das frischere Universitätsstädtchen Jena zum Zentrum gewählt. Schon 1794 war ihr Mitstreiter Johann Gottlieb Fichte an die dortige Alma Mater berufen worden. In seiner ehemaligen Wohnung ist heute das Jenaer „Romantikerhaus" untergebracht. Die nicht mehr genau lokalisierbare schlegelsche Wohngemeinschaft jedoch wurde zum regelmäßigen Treffpunkt der Gruppe, der sich auch Clemens Brentano anschloss. Hier las man sich die neuesten Werke vor, diskutierte die ebenfalls im Fragment 116 skizzierte „Progressive Universalpoesie" und übte sich in jener wiederum von Friedrich Schlegel proklamierten „romantischen Ironie", die ebenso schwer zu fassen ist wie das Phänomen der „Blauen Blume" als Symbol der Bewegung.

Keine andere Kunstepoche wird so stark mit Deutschland identifiziert wie die Romantik. Auf die Früh- folgte die Hochromantik, die vor allem im Zeichen der Märchensammlungen stand (siehe Seite 144). Seine heutige Bedeutung verdankt der Begriff jedoch am ehesten den Spätromantikern, allen voran dem Schlesier Joseph von Eichendorff. Der „Deutsche Wald", das war ihm der „Hallraum der Seele" – Folie für einen Mythos, der bis heute fortlebt.

Im Romantikerhaus Jena ↗

„Frau vor der untergehenden Sonne", Gemälde von Caspar David Friedrich (um 1818) →

61

ORTE DER ERINNERUNG Das Jenaer „Romantikerhaus" fungiert als Literaturmuseum zur Frühromantik. Das WG-Haus der Schlegels stand möglicherweise im Sträßchen An der Leutra, nordwestlich des Stadtzentrums.

9. Februar 1801 | DER FRIEDE VON LUNÉVILLE

Die linke Rheinseite wird französisch

In Köln stößt man noch allerorten auf Spuren der Franzosen, seien es alte Straßenbezeichnungen oder dialektale Aneignungen wie „Trottewar" für Bürgersteig. Sogar das berühmte Kölnisch Wasser geht auf die Besatzer zurück: Als sie der noch mit einem Bein im Mittelalter verfangenen Stadt Hausnummern verordneten, bekam ein Parfumeur die 4711 verpasst. Aber es war nicht nur die Alltagskultur, der die Franzosenzeit ihren Stempel aufdrückte. Der territoriale Flickenteppich aus freien Reichsstädten, Herzogtümern und erzbischöflichen Residenzen bekam eine neue, übersichtliche Struktur. Wo man sich vorher als Klever, Jülicher oder Kölner bezeichnet hatte, entwickelte sich nun eine Identität als „Rheinländer". Die zuvor noch mehr oder wenige feudale Gesellschaftsordnung und Verwaltung wurde umgestülpt, der Abschaffung des Adels korrespondierte die Aufhebung und Enteignung der Klöster.

Bis zur Leipziger Völkerschlacht (1813, siehe Seite 146) sollte Napoleon den deutschen Westen am Zügel führen. Begonnen hatte die französische Inbesitznahme mit der Kriegserklärung an Österreich im April 1792, die zugleich dem verbündeten Preußen galt. Zwei Jahre später hatte die Revolutionsarmee das komplette linksrheinische Ufer bis hinunter nach Basel besetzt. Auch in früheren Jahrhunderten war die Verlegung der Ostgrenze an den Rhein immer wieder ein Bestreben französischer Expansionspolitik gewesen. Nun jedoch war man seinem Ziel so nah wie nie zuvor. Ab dem November 1797 unterlag das linksrheinische Deutschland der französischen Gesetzgebung, die 1804 im berühmten Code Civil Napoleon Bonapartes aufging. Dieser hatte sich 1799 zum Alleinherrscher aufgeschwungen, und wiederum zwei Jahre später diktierte er den unterlegenen Altmächten den Frieden von Lunéville. Am 9. Februar des Jahres ging das linke Rheinufer offiziell vom Heiligen Römischen Reich nach Frankreich über. Mit Einführung der französischen Verfassung mutierten die Rheinländer zu französischen Staatsbürgern. Und Napoleon wurde, nach seiner Selbstkrönung im Dezember 1804, ihr Kaiser.

Französisches Straßenschild in Köln: Rue de l´Arsenal / Zeughausgas(se), heute das Stadtmuseum ↗

Unterzeichnung des Friedens von Lunéville, franz. Stich (19. Jh.) →

ORTE DER ERINNERUNG Das Haus des Friedens-schlusses in Lunéville existiert bis heute. Überall im Linksrheinischen hat die Franzosenzeit ihre Spuren hinterlassen, zum Beispiel in Form von Straßennamen.

Signature de la Paix d'Allemagne.

Hérauts d'Armes publiants la Paix au Son de Trompe

Bon Accord entre les Soldats Francais et Allemands.

Rejouissances pour la Paix

16. Juli 1806 | DAS ENDE DES HEILIGEN RÖMISCHEN REICHES

1000 Jahre und ein bisschen

Rund 1000 Jahre lang hatte es existiert, das Heilige Römische Reich. Jedenfalls, wenn man es mit der Kaiserkrönung Karls des Großen im Jahr 800 beginnen lässt. „Heilig" wurde es nicht von Anfang an genannt, und der Zusatz „Deutscher Nation" etablierte sich erst im 15. Jahrhundert. Wer wiederum nach einem Datum für das Ende sucht, dem ist mit dem 16. Juli 1806 gut gedient. Denn an diesem Tag wurde in Paris die Rheinbundakte unterzeichnet. 16 deutsche Reichsstände vereinigten sich unter französischem Protektorat zum Rheinbund und traten damit aus dem Heiligen Römischen Reich aus. Der isolierte Kaiser Franz II. (1768–1836), ein Habsburger, erklärte es am 6. August offiziell für aufgelöst.

Letztendlich handelte es sich beim Heiligen Römischen Reich weder um einen Nationalstaat noch um einen strukturierten Staatenbund. Einzig Kaiser und Papst bildeten eine Klammer, die das zeitweilig riesige Reich zusammenhielt. Von ihrem Durchsetzungsvermögen hatte es auch stets abgehangen, wie fest das einigende Band gerade war. Hatte Karl der Große noch das gesamte Frankenreich beherrscht, so spaltete sich dieses 843 in einen West- und einen Ostteil auf – das spätere Frankreich und Deutschland. Auch unter den bedeutenden Herrschern wie Otto I. oder dem I. und II. Friedrich klafften Anspruch und Wirklichkeit stets weit auseinander. Das Ziel der Erneuerung des klassischen Römerreiches blieb in weiter Ferne. Querelen im Westen, Kämpfe im Osten (Slawenkriege) und vor allem der jahrhundertelange Anspruch auf italienisches Terrain förderten eher die innere Zerrissenheit als die äußere Sicherheit.

Der Mann, der das Ende besiegelte, war Napoleon Bonaparte. In den „Koalitionskriegen" 1791–1797 und 1799–1801 hatten seine Truppen die europäischen Allianzen besiegt. Mit dem am 27. April 1803 in Kraft getretenen, von Napoleon diktierten Reichsdeputationshauptschluss wurden die verbliebenen geistlichen Fürstentümer säkularisiert und aufgeteilt, ebenso brachte er das Ende für die Unabhängigkeit zahlreicher Reichsstädte. Er gilt als das letzte Gesetz des Heiligen Römischen Reiches am „Immerwährenden Reichstag" zu Regensburg.

Napoleon nach der Schlacht bei Marengo, 14. Juni 1800,
Gemälde von Antoine-Jean Gros (1771–1835) →

ORTE DER ERINNERUNG Zentral bieten sich das Reichstagsmuseum in Regensburg sowie der Frankfurter Römer als Ort vieler römisch-deutscher Königswahlen an. Der deutsche Föderalismus spiegelt das Heilige Römische Reich zudem jederzeit in der Gegenwart.

9. Oktober 1807 | DAS OKTOBEREDIKT

Die Bauernbefreiung als Startschuss der Preußischen Reformen

Was seinen Grundbesitz betrifft, war Heinrich Friedrich Karl Reichsfreiherr vom und zum Stein ein Kriegsgewinnler. Das hübsche Barockschloss im westfälischen Cappenberg hatte zeitweilig unter französischer Verwaltung gestanden, bevor es 1815 wieder an Preußen fiel. Ein Jahr später erwarb es der Freiherr, baute es aus und lebte dort bis zu seinem Tod 1831. Die Bauern rund um sein sehr ländliches Anwesen wussten möglicherweise gar nicht, was der neue Nachbar ihnen beschert hatte: das Ende der Leibeigenschaft nämlich.

Die Französische Revolution hatte den Preußen zu denken gegeben, vor allem die vernichtende Niederlage bei Jena und Auerstedt 1806. Riesige Gebietsverluste und Löcher in den Kassen gaben Anlass, über Reformen nachzudenken. Erster Profiteur der neuen *Egalité* sollte der Bauernstand werden, der noch immer in mittelalterlichen Abhängigkeitsverhältnissen gegenüber den Landbesitzern stand. Nach Vorarbeiten Theodor von Schöns setzte der preußische Staatsminister vom Stein am 9. Oktober 1807 das Oktoberedikt in Kraft. Neben dem Ende von Leibeigenschaft und Erbuntertänigkeit sah das „Edict den erleichterten Besitz und den freien Gebrauch des Grundeigentums so wie die persönlichen Verhältnisse der Land-Bewohner betreffend" weitere Neuerungen vor. Gewerbe und Beruf durften nun frei gewählt werden, auch Vertretern des Dritten Standes war es fortan gestattet, Landgüter zu kaufen und verkaufen. Die Ständegesellschaft war damit formal beendet, die Schranke zwischen Bauern und Bürgerstand aufgehoben worden.

Das Oktoberedikt war zugleich der Startschuss für die umfassenden Stein-Hardenberg'schen Reformen der Folgejahre. Sie erstreckten sich über sämtliche Gesellschaftsbereiche, von der Kabinettstruktur und Kommunalverwaltung über die Besteuerung und das Bildungssystem bis zum Militär. Angestoßen durch die Französische Revolution, hatten sich die Preußen zu einer Reform von oben durchgerungen. Mit Reibungen zwischen den Reformern und dem König, mit dem Sieg über Napoleon 1813 und dem anschließenden Wiener Kongress jedoch endete der Prozess auf halber Strecke.

Schloss Cappenberg, Anwesen des Freiherrn vom Stein ↗

Gruppenbild der Reformer von Scharnhorst, von Hardenberg und vom Stein, Holzstich (um 1860) →

ORTE DER ERINNERUNG Schloss Cappenberg kann besichtigt werden. Denkmäler vom Steins stehen u. a. vor dem Berliner Abgeordnetenhaus sowie in seiner Geburtsstadt Nassau an der Lahn. Der Ort erinnert außerdem mit dem Freiherr-vom-Stein-Weg an seinen berühmtesten Sohn. Dabei passiert man auch sein einstiges Familienschloss und den nach ihm benannten Park.

F.A.BROCKHAUS.X.A

Scharnhorst.   Hardenberg.   Stein.

April 1808 (Ostern) | „FAUST. EINE TRAGÖDIE"

Goethes berühmtes Drama erscheint

Johann Wolfgang Goethe war frischgebackener Jurist, als Susanna Margaretha Brandt ihr Ende fand. Seit August 1771 arbeitete der Spross einer angesehenen Frankfurter Familie als Rechtsanwalt in seiner Heimatstadt. Die 26-jährige Susanna hingegen war als Waisenkind aufgewachsen und verdingte sich als Dienstmagd. Kurz vor Weihnachten 1770 verführte sie ein holländischer Wandergeselle unter Einfluss von Alkohol. Das daraus entstandene Kind kam im folgenden August als Sturzgeburt zur Welt. Möglicherweise war es sofort tot, als es auf dem Steinboden der Waschküche aufschlug. Dennoch wurde die Magd wegen Kindsmord zum Tode verurteilt und am 14. Januar 1772 hingerichtet. Bald darauf schrieb der junge Jurist – Goethe war damals in seinem 23. Jahr – die ersten Zeilen zum „Faust". Es war eine noch in Prosa gehaltene Vorform der Kerkerszene, die damals entstand. Was als Tragödie eines gefallenen Mädchens begann, sollte sich auswachsen zu einem der bedeutendsten Dramen der Theatergeschichte.

In den 70er-Jahren des 18. Jahrhunderts tobte der Sturm und Drang, eine jugendlich-exzessive Gegenbewegung zur Aufklärungsepoche. Goethes „Götz von Berlichingen" sollte 1773 deutschlandweit für Furore sorgen und den Autor bekannt machen. Als er im Jahr darauf den „Werther" nachlegte, stieg er zum europäischen Star auf. Goethe wurde zur Legende – als Lyriker, Prosaist und auch in Form von Theaterstücken. Aber es sollte nach dem Urfaust noch über dreißig Jahre dauern, bis er eine ihn zufriedenstellende Endfassung präsentieren konnte. „Faust. Eine Tragödie" erschien zur Ostermesse 1808. Hier erst fand alles zusammen: die volkstümliche Sage vom unzufriedenen Gelehrten, der sich auf einen Pakt mit dem Teufel einlässt; das Mädchen, das er unglücklich macht; die komödiantischen und rauschhaften Anleihen bei Shakespeare (Auerbachs Keller, Walpurgisnacht) und schließlich das finale Drama um Mord, Verzweiflung, Tod und Erlösung.

Rund zwanzig Jahre lang ließ Goethe den Stoff danach ruhen. Dann packte ihn das Lebenswerk von Neuem. „Der Tragödie zweiter Teil" erschien 1832, kurz nach seinem Tod.

Goethes Gartenhaus an der Ilm, Stahlstich (um 1840) ↗

Das Goethehaus in Frankfurt →

ORTE DER ERINNERUNG Goethes Geburtshaus in Frankfurt fungiert ebenso als Museum wie sein Wohnhaus und Gartenhaus in Weimar. Auf vielfältige Art erinnert die Stadt Staufen an den historischen Faust, der im dortigen Hotel Löwen den Tod fand.

20. Dezember 1812 | DIE „KINDER- UND HAUSMÄRCHEN"

Erste Auflage der Brüder-Grimm-Sammlung

Die Ausstellung der Kasseler Grimmwelt beginnt nicht direkt mit Aschenputtel, Rotkäppchen und Schneewittchen. Recht so, denn die Gebrüder Jacob (1785–1863) und Wilhelm Grimm (1786–1859) auf ihre Märchensammlung zu reduzieren, hieße ihre Leistungen als Sprachforscher und -wissenschaftler zu verkennen. An erster Stelle zu nennen: das von den beiden 1838 begonnene Deutsche Wörterbuch (DWB). Das Kompendium von Wörtern samt Belegen ist bis heute das umfassendste seiner Art. Auch nach dem Tod der Gründer führten Sprachwissenschaftler das Projekt fort, erst 2016 betrachtete man die 32-bändige Arbeit als abgeschlossen.

Nicht minder nachhaltig war allerdings die Beschäftigung mit dem deutschsprachigen Märchenschatz. Die Grimms waren zwar beileibe nicht die ersten Literaten, die sich im Rahmen der romantischen Mittelaltersehnsucht auf die Suche nach alten Volksweisen und -erzählungen machten. Clemens Brentano und Achim von Arnim hatten mit ihrer Volksliedersammlung „Des Knaben Wunderhorn" für den Anstoß gesorgt. Aber als jene schon wieder auf anderen Pfaden wandelten, fingen Jacob und Wilhelm erst richtig an. Am 20. Dezember 1812 erschien die erste Auflage ihrer „Kinder- und Hausmärchen". Die illustrierte „Kleine Ausgabe" von 1825 sollte die Grimms schließlich weltberühmt machen, allein zu ihren Lebzeiten erschienen zehn weitere Auflagen. Auch erste Übersetzungen ließen nicht lange auf sich warten: 1816 ins Dänische, 1823 ins Englische und im Jahr darauf ins Französische.

Vor allem seit der Nachkriegszeit ab 1945 wurde an der Editionsarbeit der Grimms immer wieder Kritik geübt. Viele Geschichten waren um ihre derben Enden gekappt worden, volkspädagogische Aspekte standen zugunsten erzählerischer Volten bei der Bearbeitung im Vordergrund. Auch die Tatsache, dass diese Märchen in ihrem Kern nicht „deutsch", sondern europäisch, wenn nicht in aller Welt beheimatet sind, kam dem romantischen Zeitgeist entsprechend zu kurz. Das Verdienst, diese fantastische Welt oraler Erzählkunst für die Nachwelt erhalten zu haben, schmälern diese Einwände aber kaum.

66

Handausgabe der Märchensammlungen mit Original-Notizen der Grimms, ausgestellt in der Kasseler Grimmwelt →

26.

Rothkäppchen.

Es war einmal eine kleine süße Dirn, die
hatte jedermann lieb, der sie nur ansah, am al-
lerliebsten aber ihre Großmutter, die wußte gar
nicht, was sie alles dem Kind geben sollte. Einmal schenkte sie ihm ein Käppchen von rothem
Sammet, und weil ihm das so wohl stand, und
es nichts anders mehr tragen wollte, hieß es
nur das Rothkäppchen; da sagte einmal seine
Mutter zu ihm: „komm, Rothkäppchen, da
ast du ein Stück Kuchen und ein Bouteille
it Wein, die bring der Großmutter hinaus,
ist krank und schwach, da wird sie sich daran
n; sey hübsch artig und grüß sie von mir,
auch ordentlich und lauf nicht vom Weg
sonst fällst du, und zerbrichst das Glas,
hat die kranke Großmutter nichts." sagte ja ich will alles recht gut ausrichten und
othkäppchen versprach der Mutter recht nimal die Mutter ü
n zu seyn. Die Großmutter aber wohns
en im Wald, eine halbe Stunde vom
Wie nun Rothkäppchen in den Wal

ORTE DER ERINNERUNG Die Grimmwelt in Kassel informiert umfassend
über Leben und Werk der Brüder. Verschiedene „Grimm-Orte" erinnern an
ihre Stationen in Kassel, u. a. das Brüder-Grimm-Denkmal vor der Torwache.
Sehenswert ist auch das Grimm-Haus in Steinau an der Straße. Beide Orte
liegen zudem an der Deutschen Märchenstraße.

18. Oktober 1813 | DIE VÖLKERSCHLACHT BEI LEIPZIG

Ende der französischen Vorherrschaft

Es war nicht zufällig der „Deutsche Patrioten-Bund", der 1895 den Ideenwettbewerb für ein Denkmal zur Leipziger Völkerschlacht ausschrieb. Kaum ein anderes Ereignis befeuerte den deutschen Nationalismus des 19. Jahrhunderts stärker als der Sieg über Napoleon. Am 18. Oktober 1913, genau hundert Jahre nach der Schlacht, konnte der 91 Meter hohe Leipziger Monumentalbau schließlich eingeweiht werden.

Das blutige Ereignis, auf das er sich beruft, beginnt im Grunde mit der Besetzung des Rheinlands durch die französischen Revolutionstruppen 1794 (siehe Seite 136). Mit der Niederlage in der Schlacht bei Jena und Auerstedt 1806 verlor Preußen rund fünfzig Prozent seines Territoriums an den „größten Schlachtenlenker aller Zeiten". Aber Napoleons Denkmal sollte Risse bekommen – sein Russlandfeldzug von 1812 endete als Desaster. Dadurch ermutigt, erklärte Preußen im März 1813 Frankreich den Krieg. Die Monarchen von Russland, Schweden und Österreich schlossen sich an. Dennoch stolperte das antinapoleonische Bündnis zunächst von einer Niederlage in die nächste. Das Gemetzel, das schließlich am 16. Oktober vor den Toren Leipzigs begann, sollte die Entscheidung bringen.

Die vier fast zehn Meter hohen Totenwächter des Völkerschlachtdenkmals stehen für die Tugenden Tapferkeit, Glaubensstärke, Volkskraft und Opferbereitschaft. In den Schlachten überwogen haben wird indes wohl die pure Verzweiflung. Mehr als eine halbe Million Soldaten aus ganz Europa standen sich auf dem Feld gegenüber. Auch aufseiten Napoleons kämpften unter anderem Deutsche – die letzten Getreuen des 1806 von Frankreich ins Leben gerufenen Rheinbundes. Mehr als 100 000 Menschen verloren in den nächsten Tagen ihr Leben, Zehntausende Soldaten und Zivilisten wurden versehrt. Die ersten Gefechte verliefen für Napoleon so positiv, dass er in Leipzig bereits die Siegesglocken läuten ließ. Das Bündnis jedoch schlug zurück und gewann allmählich die Oberhand. In der Nacht zum 19. Oktober floh das französische Heer gen Westen – Napoleons Vorherrschaft über Deutschland war beendet.

„Die große Völkerschlacht bei Leipzig", Lithografie (um 1825) ↗

Das Leipziger Völkerschlachtdenkmal →

67

ORTE DER ERINNERUNG Zentral steht das Monumentaldenkmal in Leipzig für die Völkerschlacht. Deutlich kleiner ist der Denkmalstein auf dem Monarchenhügel südöstlich der Stadt, bestehend aus einem schwarzen Obelisken.

9. Juni 1815 | DER WIENER KONGRESS

Die Restauration siegt

„Der Kongress tanzt" lautete später ein geflügeltes Wort. Es spielt auf die vielen rauschenden Feste, Jagden und Konzerte rund um das Wiener Stelldichein der europäischen Herrscher an. Die Verfilmung von 1931 unter diesem Titel dreht sich vor allem um die Liebesaffäre des russischen Zaren mit einer einfachen Handschuhmacherin (gespielt von Lilian Harvey) und blendet vollständig aus, dass in Wien auch hart verhandelt wurde. Unter dem Vorsitz des österreichischen Außenministers Fürst von Metternich tagte man vom 18. September 1814 bis zum 9. Juni 1815, um das von 20 Jahren Krieg umgepflügte Europa neu auszurichten.

Im Zentrum stand dabei der Status Deutschlands, das in den Jahren zuvor mehrere Mutationen durchgemacht hatte. 1806 war das Heilige Römische Reich untergegangen (siehe Seite 138), und nach der Völkerschlacht bei Leipzig 1813 (siehe Seite 146) hatte es auch ein Ende mit dem von Napoleon initiierten Rheinbund. An seine Stelle sollte nun der Deutsche Bund treten. Partikularinteressen u. a. von Bayern und Baden lähmten die Verhandlungen lange Zeit. Die jähe Einigung verdankte sich schließlich nicht der metternichschen Diplomatie, sondern einem äußeren Ereignis: Am 26. Februar 1815 hatte Napoleon Bonaparte Elba verlassen, wohin er 1813 verbannt worden war. Schon am 20. März marschierte er in Paris ein und übernahm erneut die Herrschaft – wenn auch nur für hundert Tage. Die Zeichen standen demnach auf Krieg, der Kongress musste schleunigst zu einem Abschluss gebracht werden.

Die Hoffnungen derer, die auf ein vereintes, freies Deutschland gesetzt hatten, erfüllte das neue Konstrukt mitnichten. 35 Fürstentümer und vier freie Städte unterschrieben ein lockeres Bündnis unter Führung Österreichs – ohne einen echten staatlichen Überbau. Die antiliberale, restaurative Ausrichtung der Wiener Beschlüsse führte in den folgenden Jahrzehnten zu zahlreichen mehr oder weniger starken Protesten – vom Wartburgfest über das auf dem Hambacher Schloss bis zur Revolution von 1848 (siehe Seiten 150, 154, 164). Dennoch blieb die damals unterzeichnete „Bundesakte" letztendlich bis zur Auflösung des Deutschen Bundes 1866 in Kraft.

Das Bundeskanzleramt am Ballhausplatz in Wien ↗

„Versammlung bedeutender Staatsmänner zur Zeit des Wiener Kongresses" (v. li.: Talleyrand, Montgelas, Hardenberg, Metternich, v. Gentz), Gemälde von Engelbert Seibertz (1900) →

68

ORTE DER ERINNERUNG Der Kongress tagte im heutigen österreichischen Bundeskanzleramt. Ebenfalls in Wien steht noch das Metternich-Palais, heute Botschaftsgebäude Italiens.

18. Oktober 1817 | DAS WARTBURGFEST

Burschenschaftler für „Ehre, Freiheit, Vaterland"

Die Wartburg, hoch über dem Thüringer Wald thronend, hat sich auf vielerlei Art in die deutsche Geschichte eingeschrieben. Im Jahr 1206, so will es zumindest die Legende, traf sich hier die Elite des mittelalterlichen Schlagers. Beim Sängerwettstreit auf der Burg duellierten sich Stars wie Walter von der Vogelweide, Wolfram von Eschenbach und Heinrich von Ofterdingen. 1521 saß dann der geächtete und gebannte Flüchtling Martin Luther (siehe Seite 96) in seinem Stübchen und übersetzte die Bibel ins Deutsche. Und im Herbst 1817 schließlich versammelten sich hier 500 Burschenschaftler und forderten einen deutschen Nationalstaat.

Den besten Blick über die Burganlagen genießt man heute vom Burgcafé aus. Am Morgen des 18. Oktober 1817 hätte man dort oben den Zug der Studenten (und einiger Professoren) beobachten können, der sich der Burg unaufhörlich näherte. 500 Protestierende sollten sich schließlich im alten Rittersaal versammeln. Unter dem Motto „Ehre, Freiheit, Vaterland" demonstrierten sie gegen die reaktionäre Politik des Wiener Kongresses (siehe Seite 148).

Der Ort war nicht zufällig gewählt. Zum einen beriefen sich die Studenten auf Luthers 95 Thesen, die er 300 Jahre zuvor an die Wittenberger Kirche genagelt hatte. Zum anderen hatten sie die gerade einmal vier Jahre zuvor geschlagene Völkerschlacht bei Leipzig im Sinn (siehe Seite 146), die das Ende der Franzosenherrschaft brachte. Den Rufen nach mehr Freiheit standen allerdings auch eine symbolische Bücherverbrennung und völkisch-antisemitische Ausfälle gegenüber. „Ein Deutschland ist, und ein Deutschland soll sein und bleiben", lautete der „1. Grundsatz" der im Nachgang verfassten Wartburger „Grundsätze und Beschlüsse des 18. Oktober". 1849 sollten sie zum Teil in die Paulskirchenverfassung eingehen (siehe Seite 164). Die Ermordung des konservativen Dichters August von Kotzebue durch den Burschenschaftler Karl Ludwig Sand am 23. März 1819 rief jedoch zunächst einmal die Reaktion auf den Plan: Die Karlsbader Beschlüsse schränkten die Meinungsfreiheit radikal ein.

Das Wartburgfest am 18. Oktober 1817, Holzstich (um 1880) ↗

Die Wartburg →

ORTE DER ERINNERUNG Im Festsaal der Wartburg hängt eine Replik der Jenaer Urburschenschafts-Fahne von 1815 – Vorbild für das Schwarz-Rot-Gold unserer Tage. Das Original findet man im Jenaer Stadtmuseum. Vor dem alten Hauptgebäude der Universität Jena steht ein Burschenschaftsdenkmal, errichtet 1883. Auch auf der Göpelskuppe gegenüber der Wartburg steht ein monumentales Burschenschaftsdenkmal.

7. Mai 1824 | BEETHOVENS 9. SINFONIE

Uraufführung in Wien

Die Wiener hatten ihn schon abgeschrieben. Ludwig van Beethoven (1770–1827) sei „auskomponiert", hieß es. Seit 1812 hatte er keine Sinfonie mehr zu Papier gebracht, sein Gehör wurde immer schlechter, und man munkelte, er trinke zu viel. Das Comeback jedoch wurde gewaltig. Schon als junger Mann, in den 1790er-Jahren, hatte Beethoven mit dem Gedanken gespielt, Friedrich Schillers „Ode an die Freude" zu vertonen. Am 7. Mai 1824 war es schließlich soweit: Schillers euphorische Feier der Liebe und des Lebens krönte die Uraufführung der Sinfonie Nr. 9.

Das Konzert im – längst abgerissenen –Wiener Kärntnertortheater war in jeder Hinsicht eine Sensation. „Nur die Originalität zeugt für den Vater, sonst ist alles neu, und nie da gewesen", las man anderntags in der Allgemeinen Musikalischen Zeitung. Bereits während der Satzpausen brach das Publikum in frenetischen Jubel aus. Das Ende dann überraschte wohl selbst die intimsten Kenner des beethovenschen Werks: Erstmals in der Musikhistorie steuerte hier jemand eine Sinfonie in ein Finale menschlicher Stimmen.

70

In seinen Bonner Jugendjahren hatte Beethoven unter einem Vater gelitten, der ihn zu einem Wunderkind à la Mozart formen wollte. In Wien wurde er zum Star, zu einem schwierigen allerdings. Beethoven galt als Grantler, fühlte sich von Gott und der Welt übervorteilt und missverstanden. Die Premiere der 9. erlebte der Komponist wie unter einer Glasglocke. Seit 1818 bereits war er vollkommen taub. Das Orchester hatte Anweisung, nur auf den Dirigenten statt auf Beethovens mitwippenden Taktstock zu achten. Um den Schlussapplaus zu registrieren, musste er zum Publikum gedreht werden. Wie er sein eigenes Werk nie hören konnte, so konnte er auch nicht ahnen, welche Entwicklung es einst nehmen würde. Beethovens 9., vor allem der Schlusssatz, ist heute ein Welthit, Schillers Verse wurden übersetzt in sämtliche Kultursprachen des Globus. Seit 1985 fungiert die von Herbert von Karajan eingespielte Instrumentalversion der Ode an die Freude zudem als offizielle Hymne der Europäischen Union.

Im Garten des Bonner Beethovenhauses ↗
Originalpartitur der 9. Sinfonie zum 1. Satz →

ORTE DER ERINNERUNG Gleich mehrere Museen halten die Erinnerung wach: das Beethovenhaus Bonn, das Beethovenhaus Baden (bei Wien, auch „Haus der Neunten" genannt), seine Wohnung in Wien-Heiligenstadt, das Wiener Pasqualati-Haus (wo er ebenfalls acht Jahre lebte) sowie das Eroicahaus bei Wien. Eine digitalisierte Abschrift der Partitur hat deren Besitzerin, die Berliner Staatsbibliothek, ins Netz gestellt.

27. Mai – 1. Juni 1832 | DAS HAMBACHER FEST

Auf dem Weg zum Einheitsstaat

Das Heilige Römische Reich Deutscher Nation gab es nicht mehr, seit 26 Jahren. Die nationale Klammer des Konstrukts war ohnehin recht locker gewesen (siehe Seite 138). 1789 ff. war eine deutsche Revolution ausgeblieben, während die Franzosen mit ihrem Juliaufstand von 1830 nun schon zum zweiten Mal demonstriert hatten, dass kein Thron auf ewig zementiert ist. Das liberale Bürgertum führte den erfolgreichen Aufstand an, mit Louis Philippe von Orléans wurde ein sogenannter Bürgerkönig installiert. Die Julirevolution schlug Wellen in ganz Europa, aber ihre deutschen Kämme wuchsen nicht sehr hoch. Der aus dem Wiener Kongress von 1815 hervorgegangene Deutsche Bund trug deutlich restaurative Züge. Was unter Führung Preußens und Österreichs entstanden war, entsprach eher einem losen Staatenbund, ausdrücklich hatten sich hier „souveräne Fürsten" zusammengeschlossen. Die größte Demonstration für einen echten deutschen Nationalstaat sollte vom 27. Mai bis 1. Juni 1832 auf dem Hambacher Schloss stattfinden.

Die Ausstellung im Obergeschoss des schick restaurierten Gebäudes heißt nach einem Slogan von 1832 „Hinauf, hinauf zum Schloss!" Die Veranstalter von damals, die beiden Juristen und Journalisten Philipp Siebenpfeiffer und Johann Wirth, hatten den Behörden ein „Fest" angekündigt. Das wurde es dann auch, allerdings ein dezidiert politisches. Mit Unterstützung einflussreicher Intellektueller wie Ludwig Börne diskutierten rund 30000 vorwiegend junge Teilnehmer über die deutsche Zukunft. Liberale Töne erklangen neben nationalistischen, Vertreter eines gemäßigten Bürgertums standen neben Revolutionären. Unmittelbarer Erfolg blieb beiden Seiten versagt. Stattdessen blies noch einmal der notorische Fürst von Metternich, inzwischen österreichischer Staatskanzler, zur Offensive. Schon einen Monat nach Ende des „Hambacher Skandals" (Metternich) verabschiedete die Bundesversammlung zehn Artikel „zur Aufrechterhaltung der gesetzlichen Ruhe und Ordnung im Deutschen Bund". 1848, im März, sollte es mit dieser Ruhe allerdings wieder vorbei sein.

Deutsche Fahne, die am 27. Mai 1832 auf das Hambacher Schloss getragen wurde ↗

„Das Hambacher Fest", Gemälde von Hans Mocznay (um 1948) →

ORTE DER ERINNERUNG Das Hambacher Schloss, 1832 noch eine Ruine und seitdem romantisch restauriert, birgt ein Museum zu den damaligen Ereignissen. Erstmals massenhaft geschwenkt wurden 1832 Fahnen in der Farbkombination Schwarz-Rot-Gold, entliehen der Jenaer Urburschenschaft.

DAS HAMBACHER FEST AM 27. MAI 1832.

22. Februar 1833 | DER ZOLLVEREIN

Beginn einer deutschen Freihandelszone

Die Essener Zeche Zollverein, deutschlandweit eines der imposantesten Industriedenkmäler, nahm ihre Arbeit 1848 auf. Den Namen des Kohlebergwerks hatte Besitzer Franz Haniel einem damals jungen Verbund deutscher Staaten entlehnt. Der Deutsche Zollverein, beschlossen am 22. März 1833, sollte vorantreiben, was dem Deutschen Bund (siehe Seite 148) nicht gelungen war: die Überwindung der Kleinstaaterei und damit den wirtschaftlichen Aufstieg Deutschlands.

Zu lose war 1815 die Bundesakte gestrickt worden, als dass sie für einen engen Zusammenhalt des Zusammenschlusses hätte sorgen können. Beinahe jedes Duodezfürstentum hatte seine eigenen Maße, Gewichte und Münzen, die den Grenzhandel erschwerten. Was die Währung betraf, brachte auch der Zollverein keine zufriedenstellende Lösung. Verschiedene Münzverträge regelten zwar den zukünftigen Warenaustausch, aber eine einheitliche Münze blieb in weiter Ferne. Der namensgebende „Zoll"-Verkehr hingegen wurde konsequent modernisiert. Hatten sich zuvor zeitweilig 1800 Zollstellen auf das Gebiet des Deutschen Bundes verteilt, sorgten nun der Wegfall von Binnenzöllen, zollfreier Warentransport über Grenzen hinweg und ein am preußischen Vorbild ausgerichtetes einheitliches Zollrecht für Klarheit. Dadurch entstand eine von Aachen bis Königsberg und von München bis Flensburg reichende Freihandelszone, in der seinerzeit rund 30 Millionen Menschen lebten. Das Ende des Zollvereins markiert die Gründung des Deutschen Reiches 1871, das als zusammenhängendes Zollgebiet fortan dessen Aufgaben übernahm.

Die Initiative für den Zollverein war von Preußen ausgegangen. Kein Wunder, waren doch auf dem Weg zu den westlichen Territorien am Rhein diverse Landes-, mithin Zollgrenzen zu überwinden. Neben den Erleichterungen für den Handel ging es den Initiatoren zudem um die Einschränkung des grassierenden Schmuggels. Im Deutschen Zollmuseum in Hamburg wird auch diese Geschichte weitererzählt – bis hin zum transnationalen BRD/DDR-Schwarzhandel der Nachkriegszeit.

Aus der Ausstellung: Zigarettenschmuggel ↗

Das Deutsche Zollmuseum in Hamburg →

72

ORTE DER ERINNERUNG Die Historie zum Thema referiert das Deutsche Zollmuseum in Hamburg. Die Essener Zeche Zollverein steht mit ihrem Namen für den u. a. durch den Zollverein bewirkten wirtschaftlichen Aufschwung Deutschlands ab der Mitte des 19. Jahrhunderts.

FLIP-TOP BOX

MUSEUMSZOLLBOOT "OLDENBURG"
EINTRITT FREI !

1837 | DIE LORELEY

Ein Lied und seine Schöpfer

Friedrich Silcher (1789–1860) war seit 1817 Musikdirektor an der Universität Tübingen. Vielleicht war es einer seiner Studenten, der ihn mit jenem Gedicht Heinrich Heines bekannt machte, das dieser 1823 geschrieben und „Die Lore-Ley" getauft hatte. Jedenfalls erzählt man sich, die Melodie dazu sei Silcher auf dem Weg zu einer Vorlesung in den Sinn gekommen – zwischen Tür und Angel sozusagen.

Heinrich Heine kennt ein jeder, der sich für Literatur interessiert. Heutzutage hätte er längst den Nobelpreis erhalten. Und was die Loreley betrifft, so hat er dem alten Mythos auch tatsächlich ein wunderschönes neues Textkleid verpasst. Die Geschichte vom blonden Vamp und dem liebesblinden (See-)Mann, der ihretwegen in den Tod geht, liest sich bei Heine nie ohne ein ganzkörperliches Erschauern. Aber Heines Poem profitierte von einem Phänomen, das man auch von modernen Popsongs kennt: Ohne eine treffende Melodie, ohne das passende musikalische Arrangement ist selbst der beste Text

verloren. Und dieses lieferte im Jahr 1837 eben jener Musikpädagoge Friedrich Silcher aus Schnait im Rems-Murr-Kreis.

Vor und nach Silcher versuchten sich über 40 weitere Komponisten an einer Vertonung, darunter renommierte Kräfte wie Franz Liszt, Clara Schumann und Felix Mendelssohn Bartholdy. Aber niemand von ihnen reichte an Silchers Geniestreich heran. Der Song wurde ein internationaler Hit, den man bereits um die Mitte des 19. Jahrhunderts nicht nur in deutschen Landen mitsummte, sondern ebenso etwa in Amerika und Japan. So ganz unbekannt wäre Silcher jedoch auch ohne die Loreley-Melodie nicht geblieben. Schließlich stammen von ihm einige weitere Klassiker der deutschen Volkslied-Truhe: Das „Ännchen von Tharau" wurde so berühmt wie sein „Ich weiß nicht, was soll es bedeuten". Sein rührendes Scheidelied „Muss i denn zum Städele hinaus" animierte 1960 sogar einen zuvor in Deutschland stationierten amerikanischen Soldaten zu einem Cover: Im Silcher-Museum zu Schnait hängt eine Original-Seven-Inch von „Wooden Heart", eingesungen von Elvis Presley, dem *King*.

„Loreley", Gemälde von Karl Herrmann (1813–1881) →

ORTE DER ERINNERUNG Das Silcher-Museum ist in Silchers Schnaiter Geburts-haus untergebracht. Auf der Tübinger Platanenallee steht ein Silcher-Denkmal. Die Stadt Düsseldorf unterhält ein Museum für ihren berühmten Sohn Heinrich Heine. Und der Lorelei-Felsen steht wie eh und je bei St. Goarshausen am Rhein.

26. August 1841 | DAS LIED DER DEUTSCHEN

Ein Trinklied kommt groß raus

Am 29. August 1841 spazierte Hoffmann von Fallersleben mit seinem Verleger Campe am Strand von Helgoland entlang. „Ich habe ein Lied gemacht, das kostet aber 4 Louis d'or", sagte der klamme Autor. Er las den Text vor, und noch ehe er geendet hatte, zückte Campe seine Brieftasche. Am 4. September dann, so berichtet von Fallersleben weiter, „bringt mir Campe das Lied der Deutschen mit der haydnschen Melodie".

In welcher Verfassung muss man sich befinden, um ein Gedicht mit einem Doppelvers wie dem folgenden beginnen zu lassen: „Deutschland, Deutschland über alles, / Über alles in der Welt"? Im Falle des August Heinrich Hoffmann von Fallersleben (1798–1874) lautet die Antwort: übernächtigt und verkatert. Der Literaturprofessor hatte schwierige Zeiten hinter sich, als er im Sommer 1841 als politischer Flüchtling in Helgoland anlangte. Mit seinen politischen Aktivitäten zugunsten demokratischer Rechte und der nationalen Einheit Deutschlands hatte er sich viele mächtige Feinde gemacht. Im Jahr darauf sollte er sogar seinen Hochschulposten räumen müssen. Am 25. August jedoch ahnte er davon noch nichts und schlitterte stattdessen in ein „fröhliches Besäufnis". Tags darauf, noch benebelt vom Vorabend, packte ihn die Muse. Dass die hehre deutsche Hymne als gemeines Trinklied geplant war, spritzt aus jeder Strophe. „Deutscher Wein und deutscher Sang" heißt es unmissverständlich am Anfang und Ende des zweiten Durchgangs. Und für den finalen Jauchzer „Blüh im Glanze dieses Glückes, blühe, deutsches Vaterland!" hatte der Dichter ursprünglich eine süffige Alternative vorgesehen: „Stoßet an und ruft einstimmig: Hoch das deutsche Vaterland!"

Wer damals nach Helgoland fuhr, überquerte nicht nur die Nordsee, sondern zugleich eine Grenze. 1806 hatte Napoleon die Kontinentalsperre gegen Großbritannien verhängt. Im Gegenzug besetzten die Briten Helgoland, um hier ihren maritimen Handelsverkehr abzuwickeln. Erst mit dem sogenannten Helgoland-Sansibar-Vertrag von 1890 kam die Insel wieder an die Deutschen. Die deutsche Hymne ist also nicht nur ein Sauflied, sondern wurde zudem auf britischem Boden geschrieben.

Helgoland, lange Anna ↗
Porträt Hoffmann von Fallersleben →

74

ORTE DER ERINNERUNG Eine Büste Hoffmanns steht auf dem Platz vor der Landungsbrücke in Helgoland. Das dortige Inselmuseum dokumentiert seinen historischen Aufenthalt. In seinem Geburtsort Fallersleben (Wolfsburg) ist ihm ein eigenes Museum gewidmet.

21. Februar 1848 | DAS KOMMUNISTISCHE MANIFEST

„Ein Gespenst geht um in Europa"

1847 hatte sich in London der „Bund der Kommunisten" gegründet, ein Zusammenschluss verschiedener Arbeiter- und Handwerkerorganisationen. Dieser erteilte seinem Mitglied Karl Marx (1818–1883) den Auftrag für einen programmatischen Text, dem er mit dem „Manifest der Kommunistischen Partei" nachkam. Der Anfang sollte, wie das Ende, zum geflügelten Wort werden: „Ein Gespenst geht um in Europa – das Gespenst des Kommunismus". Marx war zu diesem Zeitpunkt längst kein unbeschriebenes Blatt mehr, sondern ein einflussreicher Publizist und Aktivist. Schon 1842 hatte er, 24-jährig, die Chefredaktion der Rheinischen Zeitung in Köln übernommen. Er verwandelte das zunächst liberale Bürgerblatt in ein radikal-oppositionelles. Zwar wurde die Zeitung bereits im Folgejahr von der preußischen Zensur verboten. Aber dafür hatte Marx hier jenen Mann kennengelernt, mit dem er lebenslang verbunden bleiben sollte: den Wuppertaler Fabrikantensohn Friedrich Engels.

Im ab 1867 herausgegebenen „Kapital" führten Marx und Engels ihre Ideen umfangreich aus. Ihr gemeinsam verfasstes, gerade einmal 30 Seiten starkes Büchlein von 1848 hingegen formulierte erstmals ein theoretisches Fundament des Marxismus. Kurz gesagt: Der Kampf zwischen Besitzern und Besitzlosen werde durch den Sieg des Proletariats entschieden, der über die Errichtung einer Diktatur der ehemaligen Unterdrückten in den Kommunismus münde – in eine klassenlose Gesellschaft frei von Ausbeutung und staatlicher Gewalt. Das „Kommunistische Manifest" sollte sich zu einem der meistverlegten Bücher aller Zeiten entwickeln.

Während die ostdeutschen Heldendenkmäler seit 1990 weitgehend verschwunden sind, steht in Trier noch eine veritable Bronze. Zwischen Rasen und Sitzbänken blickt Karl Marx auf sein Geburtshaus, das ihm heute als Museum gewidmet ist. Angesichts der Armuts-, Kriegs- und Flüchtlingskatastrophen der letzten Jahre erleben die Schriften von Marx und Engels eine weltweite Renaissance. Und auch jenen Aufruf liest man wieder häufiger, der das Manifest beendet: „Proletarier aller Länder, vereinigt euch!".

Das Karl-Marx-Monument in Chemnitz →

ORTE DER ERINNERUNG In Trier steht das Karl-Marx-Haus, in Wuppertal das Friedrich-Engels-Haus. Auch Denkmäler haben sich einige erhalten, etwa jenes überlebensgroße in Chemnitz, ehemals Karl-Marx-Stadt.

18. Mai 1848 | DIE FRANKFURTER NATIONALVERSAMMLUNG

Ein demokratisches Parlament in der Paulskirche

Die Paulskirche gehörte zu den ersten Frankfurter Gebäuden, die nach dem Zweiten Weltkrieg wiederaufgebaut wurden. Bis auf die fehlende Kuppel entspricht sie äußerlich jenem Bild, das sie auch Mitte des 19. Jahrhunderts abgab, als sie zum deutschen Zentrum aller freiheitlichen und nationalen Hoffnungen wurde. Am 18. Mai 1848 tagte hier erstmals die Nationalversammlung, ein deutsches Parlament.

Die Märzrevolution 1848 verdankte sich vor allem dem erfolgreichen Verlauf der französischen Februarrevolte. Und sie begann vielversprechend. Unter dem Druck der Bewegung sahen sich die Landesherren gezwungen, die Wahl zu einer Nationalversammlung zuzulassen – nach einem allgemeinen, gleichen Mehrheitswahlrecht (das allerdings nur für Männer galt). Dieses Parlament sollte sodann den Weg vom losen Deutschen Bund (siehe Seite 148) hin zu einem geeinten deutschen Nationalstaat ebnen. In der Wandelhalle der Paulskirche erinnert heute ein monumentales Rundumgemälde an den historischen „Zug der Volksvertreter". 587 kamen schließlich zusammen, und ihr am 21. Dezember 1848 verabschiedetes „Reichsgesetz betreffend die Grundrechte des deutschen Volkes" sollte noch 1949 für das Grundgesetz richtungsweisend sein.

Erstmals in der deutschen Geschichte waren nun persönliche und politische Rechte wie die Presse-, Meinungs- und Versammlungsfreiheit gesetzlich fixiert. Früh jedoch brachen auch zentrale Streitpunkte auf. Während den radikaleren Demokraten die Einführung der Republik vorschwebte, hielten es die liberalen Vertreter mit der konstitutionellen Monarchie. Die erst Ende März 1849 verabschiedete Reichsverfassung blieb in den entscheidenden Fragen zur Regierungsverantwortung schwammig. Den Preußenkönig Friedrich Wilhelm IV. zum „Kaiser der Deutschen" zu wählen, sollte sich schließlich als fatal erweisen. Unter Berufung auf sein „Gottesgnadentum" lehnte er den Titel schnöde ab – und das Paulskirchenparlament stand vor seinem Ende. Mit dem Wiedererstarken der Restauration flüchtete ein Rumpfparlament noch nach Stuttgart. Dort wurde es unter Waffengewalt im Juni 1849 aufgelöst.

„Einzug der Mitglieder des Vorparlaments in die Frankfurter Paulskirche", Holzstich von Fritz Bergen (1896) →

76

ORTE DER ERINNERUNG Die Paulskirche kann besichtigt werden, im Untergeschoss wurde 1985 die Dauerausstellung „Die Paulskirche. Symbol demokratischer Freiheit und nationaler Einheit" eingerichtet.

13. Juli 1870 | DIE EMSER DEPESCHE

Vom Deutsch-Französischen Krieg zur Reichsgründung

Man muss schon ein wenig suchen, bevor man den kleinen Gedenkstein entdeckt. Er steht hinter dem Abgang zur Bad Emser Römerquelle, versteckt zwischen Uferpromenade und Grandhotel. Seine Inschrift erinnert an die sogenannte Emser Depesche, mit der Reichskanzler Otto von Bismarck (1815–1889) den Deutsch-Französischen Krieg von 1870/71 heraufbeschwor. Aber der Reihe nach.

Mit den gewonnenen Kriegen gegen Dänemark 1864 und Österreich 1866 hatte Bismarck den Weg zu einem geeinten deutschen Nationalstaat geebnet. Im Weg stand dem preußisch geführten „Norddeutschen Bund" jetzt nur noch der mächtige „Erzfeind" Frankreich, dem an einem weiteren Erstarken des Nachbarn natürlich nicht gelegen war. Bismarcks Stunde schlug, als 1870 der Streit um die Besetzung des spanischen Königsthrons eskalierte. Der Reichskanzler hatte mit Leopold von Hohenzollern einen Preußen ins Spiel gebracht, und die französische Seite reagierte darauf erwartungsgemäß empört. Bei einer Unterredung in Bad Ems konfrontierte Botschafter Graf Benedetti König Wilhelm I. gar mit der Forderung, für alle Zeiten auf den spanischen Thron zu verzichten. Wilhelm lehnte das Ansinnen brüsk ab, woraufhin sein Berater Heinrich Abeken ein zusammenfassendes Telegramm nach Berlin schickte: die Emser Depesche. Durch gewieft-geschickte Streichungen spitzte Bismarck den an sich recht harmlosen Text zu und gab ihn an die Öffentlichkeit. Plötzlich stand Frankreich als dreister Bösewicht am Pranger, der vom preußischen König schmachvoll abgewatscht worden war. Die deutsche Presse druckte das begeistert nach, und als die ersten französischen Übersetzungen erschienen, gab es für den Kaiser Napoleon III. kein Zurück mehr. Am 19. Juli 1870 erklärte Frankreich den Krieg.

Dank der Unterstützung der süddeutschen Staaten blieb Preußen wiederum siegreich. Am 10. Mai 1871 wurde in Frankfurt der Friedensvertrag unterschrieben. Bereits am 18. Januar hatte sich Wilhelm I. von Preußen (1797–1888) zum Deutschen Kaiser proklamieren lassen – ausgerechnet im Spiegelsaal von Versailles. Für die Franzosen die größtmögliche Demütigung, galt das Datum den Deutschen fortan als Tag der Reichsgründung.

König Wilhelm I. von Preußen wird im Spiegelsaal des Schlosses von Versailles zum Deutschen Kaiser ausgerufen, Gemälde von Anton von Werner (1885). →

ORTE DER ERINNERUNG In Bad Ems erinnert ein Gedenkstein an das historische Treffen von Wilhelm I. und dem französischen Gesandten Vincent Benedetti. Am Ort des Friedensvertrags in Frankfurt verweist eine Bronzeplatte auf den Standort des ehemaligen Hotels Zum Schwan. Für die Deutsche Reichsgründung steht schließlich der Spiegelsaal des Schlosses von Versailles, wo sich Wilhelm zum Deutschen Kaiser krönen ließ.

29. September 1874 | DIE FUSSBALL-PREMIERE

Ein erstes Match auf deutschem Boden

„Kleiner Exer" nannten die Braunschweiger des 19. Jahrhunderts den Platz am heutigen Rebenring. Inzwischen steht hier das Naturhistorische Museum, und sehr präsent davor eine Gedenktafel für Konrad Koch (1846–1911). Der Mann war eigentlich Lehrer am Martino-Katharineum, zuständig für die Fächer Alte Sprachen und Deutsch. Aber er war auch ein Verfechter der Idee, dass Heran-wachsende Sport treiben und sich an der frischen Luft bewegen sollten. Als sein Kollege, der Turnlehrer August Hermann (1835–1906), aus England einen ech-ten Lederball mitbrachte, fassten die beiden einen Entschluss: In Braunschweig auf dem Kleinen Exer sollte erstmals in Deutschland jenem Spiel gefrönt wer-den, das man in England bereits seit einigen Jahren betrieb. Und so kam es, dass am 29. September 1874 die Geburtsstunde des deutschen Fußballs schlug.

Wer die Geschichte weiterverfolgen möchte, kann dies seit 2015 im Deut-schen Fußballmuseum tun. Der imposante Neubau am Dortmunder Haupt-bahnhof präsentiert auf 3300 Quadratmetern 1600 Exponate aus rund 150 Jahren Kickergeschichte. Thematische Bereiche des Museums beschäftigen sich ebenso mit dem steinigen Weg des Frauenfußballs wie mit der Geschichte der DDR-Oberliga und ihren internationalen Auftritten. Ein besonderer Fokus liegt auf der Einführung der Bundesliga am 24. August 1963. Zum Ende des Rundgangs darf sich schließlich ein jeder Besucher wie ein kleiner Weltmeister fühlen. Der Original-Reisebus des WM-Teams von 2014 ist begehbar.

Als Konrad Koch das Spiel seinerzeit in Deutschland bekannt machte, galt es vielen noch als „Die Englische Krankheit" und gefährlich demokra-tische „Fußlümmelei". Schon 1875 jedoch schob Koch ein erstes Regelwerk nach. Die „Krankheit" grassierte heftig, sodass er in seiner 1894 veröffent-lichten „Geschichte des Fußballs" frohlocken konnte: „Die Frage, ob Fußball in Deutschland eingeführt werden soll oder nicht, bedarf keiner Erörterung mehr, sie ist durch die Macht der Tatsachen entschieden."

Der Mannschaftsbus zum WM-Sieg 2014 ↗

Fußball anno 1925: Hertha BSC gegen den BFC Alemannia Berlin,
Finale um die Berliner Meisterschaft (Endstand: 3 : 2 für die Hertha) →

ORTE DER ERINNERUNG Am Ort des ersten Fußballspiels in Braunschweig steht eine dem Initiator Konrad Koch gewidmete Erinnerungstafel. Das Deutsche Fußballmuseum in Dortmund informiert über die Geschichte des Sports.

27. Mai 1875 | DIE SOZIALDEMOKRATISCHE PARTEI DEUTSCHLANDS

Gründung in Gotha

Unter dem Kürzel SAP kennen heutige Zeitgenossen vor allem einen großen deutschen Softwarehersteller. 1875 jedoch war es eine neue Partei, die sich so nannte: die Sozialistische Arbeiterpartei Deutschlands. Auf ihrer Tagung vom 22. bis 27. Mai jenes Jahres hatten Vertreter der Sozialdemokratischen Arbeiterpartei (SDAP) und des Allgemeinen deutschen Arbeitervereins (ADAV) eine solche Fusion aufs Gleis gesetzt. Die SAP sollte auf eine neue Gesellschaft hinarbeiten, der Ton des Programms changierte zwischen radikaldemokratisch und revolutionär. Unter anderem ging es dort um „die Zerbrechung des ehernen Lohngesetzes durch Abschaffung des Systems der Lohnarbeit, die Aufhebung der Ausbeutung in jeder Gesellschaft, die Beseitigung aller sozialen und politischen Ungleichheit".

Wesentlichen Anteil an solchen Formulierungen hatten die SDAP-Führer Wilhelm Liebknecht (1826–1900) und August Bebel (1840–1913). Für ihre 1869 gegründete Partei hatten sie bereits das streng marxistische Eisenacher Programm mitformuliert. Forderungen wie jene nach der Ablösung des stehenden Heeres durch eine Volksmiliz mussten die Obrigkeit auf den Plan rufen. Und diese reagierte so repressiv, wie es (noch) in ihrer Macht stand: mit Reichskanzler Bismarcks „Gesetz gegen die gemeingefährlichen Bestrebungen der Sozialdemokratie", kurz Sozialistengesetz. Sämtliche darunterfallenden Vereinigungen waren fortan verboten, sozialistisch-kommunistische Aktivitäten verlagerten sich zwangsweise in den Untergrund und die Illegalität.

Die ehrenamtlich betriebenen Museen in den ehemaligen Gasthöfen Zum Goldenen Löwen in Eisenach (SDAP-Gründung) und dem Tivoli in Gotha (SAP) erzählen diese Geschichte nach und auch, wie sie sich weiterentwickelte. Je erfolgreicher die deutschen Sozialisten international agierten, desto umstrittener wurden Bismarcks Gesetze. 1890 schließlich lehnte der Reichstag ihre erneute Verlängerung ab, Bismarck wurde von Kaiser Wilhelm II. entlassen. Noch im selben Jahr nahm die SAP jenen neuen Namen an, unter dem man sie bis heute kennt: Sozialdemokratische Partei Deutschlands – SPD.

Blick in die Ausstellungen im Goldenen Löwen zu Eisenach →

79

ORTE DER ERINNERUNG Museale Ausstellungen im Goldenen Löwen in Eisenach und im Gothaer Tivoli lassen die Ereignisse Revue passieren. Auch die SPD-Parteizentrale, das Berliner Willy-Brandt-Haus, steht für die Geschichte der deutschen Sozialdemokratie.

Gesichter der Sozialdemokratie

Seit dem 19. Jahrhundert prägen unzählige Frauen und Männer die deutsche Sozialdemokratie. Unterschiedliche individuelle, soziale und politische Erfahrungen motivieren sie zu ihrem Engagement. Gemeinsam ist den hier Abgebildeten und vielen Weiteren, sich aus politischer Überzeugung für den Auf- und Ausbau der Sozialen Demokratie eingesetzt zu haben – nicht nur in Deutschland.

5. August 1888 | DIE ERSTE AUTOFAHRT
Bertha Benz und der Patent-Motorwagen Nummer 3

Auf ihrem Denkmal in Wiesloch scheint ihr der Fahrtwind gleich den Hut vom Kopf zu fegen. Aber so schnell war sie wohl doch nicht unterwegs an jenem Sommertag. Mehr als 20 km/h waren nicht drin beim Patent-Motorwagen Nummer 3 von Carl Benz. Aber was seine Frau Bertha, begleitet von ihren Söhnen Eugen (15) und Richard (13), da unternahm, sollte Geschichte schreiben. Die Rede ist von der ersten Autofahrt auf Erden.

Wer heute den Ruf Deutschlands als eine führende Automobilnation begrüßt, muss sich zuvörderst vor Carl Benz verneigen. Der unermüdliche Konstrukteur hatte bis 1885 die Nummer 1 seines Patent-Motorwagens entwickelt und im Jahr darauf zum Patent angemeldet. In der Folge machte er sich an die Verbesserung technischer Details, um mit der dritten Version schließlich ein erstes reisetaugliches Modell zu kreieren. Aber wer Carl sagt, muss sofort Bertha nachschieben, schrieb sie doch diese Geschichte maßgeblich mit. Ihr hatte er bereits bei den ersten Stelldicheins von seinen Plänen für einen „Pferdelosen Wagen" erzählt. Und sie war es dann auch, die ihn – nicht zuletzt durch ihr Erbe – bei der Stange hielt. „Nur ein Mensch", schrieb Carl in seinen Memoiren, „harrte in diesen Tagen, wo es dem Untergange entgegen ging, neben mir im Lebensschifflein aus. Das war meine Frau. Tapfer und mutig hisste sie neue Segel der Hoffnung auf."

Ihren legendären Ausflug hatte Bertha ohne das Wissen ihres Mannes gestartet, und er führte sie keineswegs nur mal eben um den Block. Erst nach 106 gefahrenen Kilometern ließ die mutige Pionierin vom Steuer ab. Als zwischenzeitlich die Zündung entzweiging, opferte sie ihr Strumpfband. Eine verstopfte Benzinleitung reparierte sie mittels ihrer Hutnadel. Dass ihr Denkmal in Wiesloch vor der Stadtapotheke steht, hat ebenfalls mit dem Tank zu tun. Der Motor des Wagens verlangte nach Kraftstoff, nach dem Leichtbenzin Ligroin, das seinerzeit als Reinigungsmittel vertrieben wurde. Der Wieslocher Apotheker Willi Ockel füllte nach und adelte sein Ladenlokal damit zur ersten Tankstelle der Welt.

Carl Benz mit Gattin Bertha am Steuer seines Kraftwagens
Benz Viktoria (Modell 1894) ↗

Bertha-Benz-Denkmal in Wiesloch →

ORTE DER ERINNERUNG Das Wieslocher Bertha-Benz-Denkmal liegt heutzutage an der Bertha-Benz-Memorial-Route zwischen Mannheim und Pforzheim. Dort findet sich auch das Automuseum Dr. Carl Benz mit seiner anschaulichen Sammlung früher Benz-Modelle. Bis in die Gegenwart hinein begibt man sich im Stuttgarter Mercedes-Benz-Museum.

12. Februar 1912 | DIE 1. KLAPPE VON BABELSBERG

An der Wiege des deutschen Films

Der Filmpark Babelsberg setzt auf eine Mischung aus Disneyland und Film-museum. Originalfiguren wie der fliegende Drache Fuchur aus der Unend-lichen Geschichte wecken Erinnerungen an Kindertage. Am Hinterausgang wechselt der Besucher in die Gegenwart, indem er die Filmsets aktueller Pro-duktionen besucht. Cineastisch Interessierte werden wiederum die Requi-siten-Sammlung bewundern, die unter anderem mit alten Kohlebogenlampen, den Vorläufern der Scheinwerfer, aufwartet.

Heutzutage dient der Filmpark als populäres Aushängeschild für ein le-gendäres Studiogelände. Die erste Klappe fiel am 12. Februar 1912 für einen Stummfilm namens „Der Totentanz". Weil Hauptdarstellerin Asta Nielsen dort unter anderem einen Bauchtanz aufführt, fiel der Film unter den Jugendschutz. Mit der Premiere sorgten die Babelsberger also auch sofort für ihren ersten Skan-dal. 14 Jahre später, die Studios waren inzwischen in den Händen der Univer-sum Film AG (UFA), entstand hier Fritz Langs Filmklassiker „Metropolis". Der neue Eigner ließ eigens dafür ein modernes Filmstudio errichten, seinerzeit das größte in ganz Europa. In der heute Marlene Dietrich gewidmeten Mega-Halle ging dann 1929/30 auch die wohl berühmteste Babelsberger Produktion an den Start, Joseph von Sternbergs „Blauer Engel". In der Hauptrolle: eben jene Marlene Dietrich, damals 28 Jahre alt. Ihre lasziv-erotische Interpretation einer Femme fatale begründete ihre Weltkarriere. Die nahm dann allerdings, den Na-zis geschuldet, nicht in Babelsberg, sondern in Hollywood ihren Lauf.

Auch in der Nachkriegszeit blieb Babelsberg ein Zentrum deutscher Film-kunst. Das DEFA-Studio für Spielfilme, wie es zu DDR-Zeiten hieß, produ-zierte hier 1966 Frank Beyers lange verfemte „Spur der Steine" (mit Manfred Krug), 1973 folgte die äußerst erfolgreiche „Legende von Paul und Paula". Nach der Wiedervereinigung schließlich wurde man international. Seien es „Die Bourne Verschwörung", „Der Vorleser" oder Quentin Tarantinos „In-glourious Basterds" – im Studio Babelsberg, wie es nun genannt wird, ist die letzte Klappe noch lange nicht gefallen.

Im Filmpark Babelsberg ↗

Szene aus dem „Blauen Engel" mit Emil Jannings und Marlene Dietrich →

81

ORTE DER ERINNERUNG Der Filmpark Babelsberg liegt direkt neben dem berühmten Studioareal. Der bewegten Geschichte der Studios widmen sich das Filmmuseum Potsdam und die ebenfalls in Potsdam beheimatete Deutsche Kinemathek.

3. November 1918 | DER KIELER MATROSENAUFSTAND

Auftakt der Novemberrevolution

Grobe Stahlplatten ragen wie ein Schiffsrumpf aus dem Boden, durchlöchert von torpedoartigen Betonsäulen. Ein Spruch des Schriftstellers und Revolutionärs Ernst Toller weist die Richtung: „Der die Pfade bereitet, / stirbt an der Schwelle, / doch es neigt sich vor ihm / in Ehrfurcht der Tod." Das Denkmal im Ratsdienergarten erinnert an den Kieler Matrosenaufstand. Um sich mit verhafteten Kameraden zu solidarisieren, hatten die Seeleute und USPD-Mitglieder Karl Artelt und Lothar Popp dort für den 3. November 1918 zu einer Versammlung aufgerufen. Das Treffen auf dem Großen Exerzierplatz sollte zum Auftakt der deutschen Novemberrevolution werden.

Obwohl der Krieg so gut wie vorbei – und hoffnungslos verloren – war, sollte die Flotte Ende Oktober zu einem letzten Gefecht auslaufen. Doch ein Teil der kriegsmüden Matrosen rebellierte gegen das Todeskommando und verweigerte den Befehl, die Anker zu lichten. Daraufhin richteten U-Boote ihre Torpedorohre gegen die Aufmüpfigen, die sich schließlich ergaben. Der anschließende Kieler Protestzug mobilisierte Tausende Frauen und Männer auch aus der Arbeiterschicht. Ein Trupp setzte sich in Richtung der Gaststätte „Waldwiese" in Bewegung, die als provisorisches Internierungslager diente, und befreite die Kameraden. Das Militär feuerte wild in die Menge. Der Tod von sieben Demonstranten führte schließlich zu einem bewaffneten Massenaufstand. Schon am 4. November 1918 war Kiel in der Hand der Revolutionäre, angeführt von einem Arbeiter- und Soldatenrat. Dessen erste Maßnahmen: Freilassung sämtlicher inhaftierten Demonstranten und politischen Gefangenen sowie eine vollständige Rede- und Pressefreiheit.

Ausgehend von Kiel fegte in den folgenden Tagen ein revolutionärer Sturm über Deutschland. Allerorten übernahmen Räte das Ruder. Am 9. November riefen sowohl der Sozialdemokrat Philipp Scheidemann als auch der Sozialist Karl Liebknecht in Berlin die Republik aus (siehe Seite 180). Wilhelm II. dankte ab und floh ins holländische Exil. Das Kaiserreich war Geschichte.

Denkmal zum Matrosenaufstand im Kieler Ratsdienergarten ↗

Gustav Noske (SPD) spricht als Beauftragter der Reichsregierung am 5. November zu den U-Boot-Mannschaften. →

ORTE DER ERINNERUNG Das Denkmal für den Matrosenaufstand steht im Kieler Ratsdienergarten. An den ersten Arbeiter- und Soldatenrat erinnert eine Gedenktafel am Kieler Gewerkschaftshaus. Dokumentiert sind die Ereignisse auch im Kieler Schifffahrtsmuseum.

11. November 1918 | DER WAFFENSTILL-STAND VON COMPIÈGNE

Der Erste Weltkrieg geht zu Ende

Der kleine Ort Crawinkel südlich von Gotha diente gegen Ende des Zweiten Weltkriegs als Materialumschlagplatz für ein geplantes Führerhauptquartier. Aber so weit kam es nicht mehr. Im April 1945 wurde der Ort von der alliierten Artillerie fast völlig zerstört. Und am 12. jenes Monats brannte, nahe dem Bahnhof, ein dort abgestellter, historischer Waggon aus. Genau in diesem war am 11. November 1918 der Waffenstillstand von Compiègne geschlossen worden, der den Ersten Weltkrieg beendete. Wo er einst stand, erinnert nun ein Gedenkstein samt Prellbock an das Ereignis.

Der Erste Weltkrieg hatte mit dem Attentat von Sarajevo am 28. Juli 1914 begonnen. Die Ermordung des Thronfolgers Franz Ferdinand nahm Österreich genau einen Monat später zum Anlass, Serbien den Krieg zu erklären. Die Folge war ein gesamteuropäischer Flächenbrand. Deutschland, als Österreichs Verbündeter, stellte sich an die Seite der Donaumonarchie, ebenso Bulgarien und das Osmanische Reich. Ihnen gegenüber bildeten Frankreich, Großbritannien, Italien, Portugal und Rumänien ein Bündnis mit Russland. Zahlreiche neue Waffenarten kamen im Ersten Weltkrieg erstmals zu massenhaftem Einsatz, darunter Maschinengewehre, Panzer, U-Boote und Flugzeuge. Als besonders grausam bis heute in Erinnerung: der endlose Stellungskrieg, etwa in der Schlacht von Verdun 1916, sowie der gezielte militärische Einsatz von Giftgas auf beiden Seiten der Front. Als 1917 die USA in den Krieg eintraten, war er für Deutschland und seine Verbündeten verloren. Der französische Oberkommandierende, Marschall Ferdinand Foch, lud zur Unterzeichnung des Waffenstillstands in sein mobiles Büro: den umgebauten Speise- und Salonwagen mit der Nummer 2419 D, stationiert im Wald bei Compiègne.

Eine Odyssee führte den Waggon in den Jahrzehnten danach von Nordfrankreich nach Osten. Um den Feind zu demütigen, ließ Hitler die französische Kapitulation vom 22. Juni 1940 in ebenjenem Waggon unterzeichnen. Im Anschluss wurde er als Trophäe nach Berlin verbracht, um nach weiteren Stationen schließlich am Waldesrand von Crawinkel zu enden.

Museum Compiègne mit einer Replik des historischen Salonwagens ↗

Die Gedenkstätte in Crawinkel →

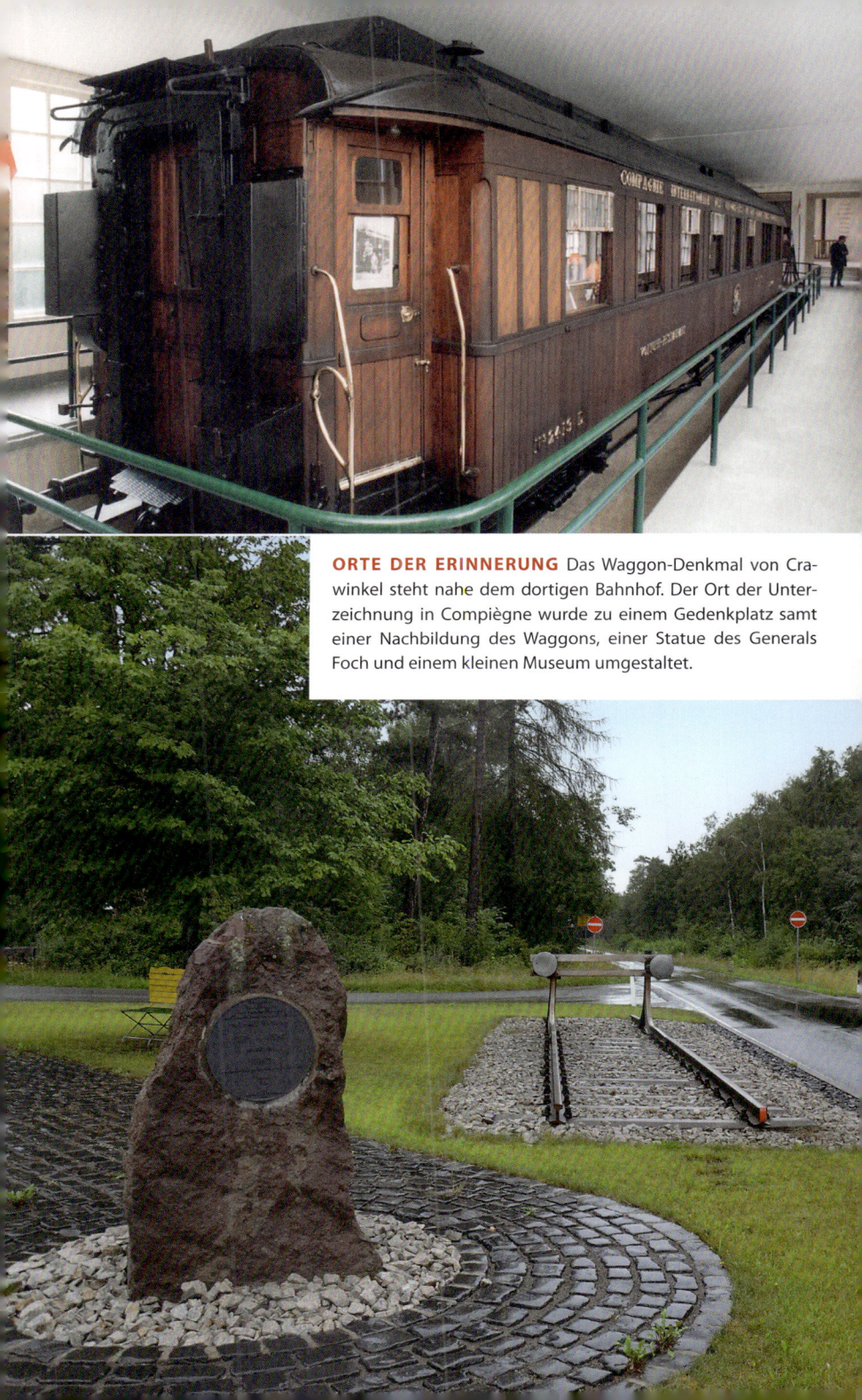

ORTE DER ERINNERUNG Das Waggon-Denkmal von Cra-winkel steht nahe dem dortigen Bahnhof. Der Ort der Unter-zeichnung in Compiègne wurde zu einem Gedenkplatz samt einer Nachbildung des Waggons, einer Statue des Generals Foch und einem kleinen Museum umgestaltet.

15. Januar 1919 | DIE WAHL ZUR NATIONALVERSAMMLUNG

Die Weimarer Republik bildet ihr erstes Parlament

Die Novemberrevolution von 1918 hatte die Monarchie gestürzt und Deutschland erstmals eine Republik beschert. Aber weder waren die alten Strukturen des monarchisch-militärischen Preußen damit aufgelöst, noch konnte das entstandene Machtvakuum sofort neu gefüllt werden. Die doppelte Ausrufung der Republik durch Philipp Scheidemann (SPD) und Karl Liebknecht (Spartakusbund) am 9. November deutete die neue Frontlinie an: hier die parlamentarisch orientierten Sozialdemokraten, dort die revolutionäre Linke. Am 10. November einigten sich die beiden Blöcke zunächst auf eine gemeinsame Übergangsregierung. Aber der Pakt war nicht von Dauer. Hinter den Kulissen arbeitete SPD-Chef Friedrich Ebert an einer Vernetzung der Sozialdemokraten mit Verwaltung, Industrie und Militär. Dabei bediente er sich auch der Hilfe heimkehrender Frontsoldaten, die sich zum Teil marodierenden Freikorps angeschlossen hatten.

84

In den nächsten Wochen bekämpften die Sozialdemokraten alle weiteren revolutionären Aufstände – auf Kosten vieler Menschenleben. Im Gegenzug kündigten die linkssozialistischen Gruppen alle Zusammenarbeit auf und gründeten zum 1. Januar 1919 die Kommunistische Partei Deutschland (KPD). Ihre Führer, Rosa Luxemburg und Karl Liebknecht, wurden am Abend des 15. Januar von einem rechten Freikorps brutal ermordet. Vier Tage später ging die SPD als Sieger aus den Wahlen zur Deutschen Nationalversammlung hervor. Friedrich Ebert wurde der erste Reichspräsident.

Die Geburt der Weimarer Republik war blutig, und sie vollzog sich auf den Trümmern des Ersten Weltkriegs. Die desaströse Finanzpolitik der Kriegsjahre, der Vertrag von Versailles und die damit verbundenen Reparationszahlungen drohten jeden wirtschaftlichen Wiederaufstieg zu ersticken. Und die von der Obersten Heeresleitung in die Welt gesetzte „Dolchstoßlegende" wurde zur Waffe rechtsnationaler Demagogen. Die Schuld am deutschen Niedergang, so der Tenor, lag nicht beim „im Felde unbesiegten" Heer, sondern bei den Verrätern des Volkes: den Kommunisten, Sozialdemokraten und, immer häufiger nun, bei den Juden.

Reichspräsident Friedrich Ebert mit seiner Frau Louise 1920 in Berlin ↗

Der Berliner Reichstag heute →

ORTE DER ERINNERUNG Friedrich Ebert ist ein Museum in seiner Heimat Heidelberg gewidmet. Auch Rosa Luxemburg und Karl Liebknecht werden vielfach geehrt. Ihre Gräber finden sich auf dem Berliner Zentralfriedhof Friedrichsfelde mit der Gedenkstätte der Sozialisten.

15. November 1923 | DIE WÄHRUNGS-REFORM

Ein Schnitt nach neunjähriger Inflation

Die Hyperinflation von 1923 war eine direkte Folge der Notenpolitik des Ersten Weltkriegs. Um die ab 1914 benötigten gigantischen Mengen an Waffen, Munition und Verpflegung zu finanzieren, hatte die Reichsleitung zu einem billigen Mittel gegriffen: Der Bevölkerung wurden sogenannte Kriegsanleihen verkauft. Die Rückzahlung mit Gewinn versprach man auf der Basis des zuversichtlich avisierten Kriegserfolgs. Aber anstatt frisches Bargeld aus einem besiegten Frankreich zu pressen, standen mit dem Versailler Vertrag auch noch milliardenschwere Reparationen an. Schon während des Krieges hatten die Notenpressen Sonderschichten gefahren. Angesichts der Zahlungsunfähigkeit danach wurde die Schlagzahl noch einmal erhöht. Banknoten überschwemmten den Markt, die eigentlich keinen Pfennig wert waren. Und als „der Markt" dies erkannte, brach er zusammen.

Preise und Löhne vervielfachten sich – innerhalb kürzester Zeit und bald schon mehrmals am Tag. Wer Erspartes gehortet hatte, verlor alles. Wer seinen Lohn nicht sofort in Waren investierte, konnte ihn des Abends in den Ofen werfen. Kostete ein Liter Milch im Juni 1923 noch 1440 Mark, so hatte man ein halbes Jahr später bereits nicht mehr fassbare 360 Milliarden dafür zu berappen. Die Berliner Regierung sah die Hyperinflation als willkommene Waffe gegen die Reparationszahlungen. Wiederum liefen die Gelddruckmaschinen heiß, um immer neue Wahnsinnszahlen ins Papier zu pressen. Ende Oktober 1923 markierten 100-Billionen-Scheine die Obergrenze der inflationären Fahnenstange.

Während die Not der Menschen wuchs, flammten überall in Deutschland bewaffnete Konflikte auf. Frankreich besetzte das Ruhrgebiet, Separatisten drohten mit Ablösung vom Reich, rechtsnationale Wehrverbände mit einem „Marsch auf Berlin". Adolf Hitler, Vorsitzender der NSDAP, scheiterte am 8./9. November mit seinem Putschversuch in München. Der Spuk endete erst mit der Währungsreform vom 15. November 1923. Stabile Wechselkurse, Schuldendeckung durch die Goldmark und vor allem der Dawes-Plan zur Anpassung der Reparationszahlungen an die Wirtschaftskraft brachten die deutsche Währung zurück aufs Gleis. Ab dem 30. August 1924 hieß sie dann „Reichsmark".

Das Inflationsgeld wird im wahrsten Sinn des Wortes zum „Spielgeld". →

30. Januar 1933 | HITLER WIRD REICHS-KANZLER

Das Ende der Weimarer Republik

„Es ist fast wie ein Traum", schrieb der Berliner NSDAP-Gauleiter Joseph Goebbels in sein Tagebuch, „der Führer arbeitet bereits in der Reichskanzlei." Der zukünftige Propagandaminister wusste, dass sein „Führer" den Posten anders ausfüllen würde als dessen Vorgänger. Drei Reichskanzler hatte Reichspräsident Hindenburg seit 1930 bereits ernannt, die jeweils ohne parlamentarische Mehrheit regieren mussten. Alle waren binnen Kurzem gescheitert, der Fall „Hitler" schien folglich eine reine Routineangelegenheit zu werden. Aber alle, die den erfolglosen Kunstmaler, Ex-Häftling und seinerzeit langjährigen NSDAP-Parteivorsitzenden unterschätzten, sollten sich auf fatale Weise irren. Was der betagte Hindenburg da auf den Weg gebracht hatte, war eine der folgenschwersten Entscheidungen des 20. Jahrhunderts. Denn Adolf Hitler sollte die Reichskanzlei nicht mehr verlassen – zumindest für die nächsten zwölf Jahre.

Aus den Reichstagswahlen des Jahres 1932 war die NSDAP jeweils als stärkste Kraft hervorgegangen. Einen ersten Vorstoß Hitlers auf den Posten des Reichskanzlers hatte Hindenburg noch abgewehrt. Das Treffen vom 4. Januar 1933 mit dem ehemaligen Kanzler von Papen hingegen gilt als „Geburtsstunde des Dritten Reiches": Hitler machte dem Deutschnationalen einige Versprechungen und sicherte sich dafür die Reichskanzlerschaft.

Um Neuwahlen zu ermöglichen, bestand seine erste Amtshandlung in der Auflösung des Parlaments. Die Zeit bis zum avisierten 5. März nutzte er, um die von Beginn an angestrebte Diktatur auf allen Ebenen vorzubereiten. Mithilfe von Verordnungen wurde das Briefgeheimnis genauso außer Kraft gesetzt wie die Versammlungs- und Pressefreiheit. Politische Gegner, vor allem Kommunisten, wurden verhaftet. Obwohl die NSDAP auch unter diesen repressiven Umständen nur 43,9 Prozent der Stimmen errang, war ihr Vormarsch nicht mehr aufzuhalten. Mit dem „Ermächtigungsgesetz" vom 23. März 1933 verschob der unter Druck gesetzte Reichstag nach einer manipulierten Wahl alle Macht in die Hände der Regierung. Das Ende der Demokratie war zugleich die Totenglocke der Weimarer Republik.

Berlin, 25. Februar 1934: Reichskanzler Adolf Hitler begrüßt den Reichspräsidenten von Hindenburg vor der Staatsoper. →

ORTE DER ERINNERUNG An der Stelle der ehemaligen Reichskanzlei Ecke Wilhelm- und Voßstraße in Berlin steht heute eine Erinnerungstafel der Stiftung Topographie des Terrors.

20. Januar 1942 | DIE WANNSEE-KONFERENZ
Auftakt zur „Endlösung der Judenfrage"

Über die ausladende Terrasse der einstigen Fabrikantenvilla gelangt man ans Ufer des Wannsees. Hohe Bäume spenden Schatten, verteilt über einen parkähnlichen Garten. Die sich hier am 20. Januar 1942 trafen, sahen sich als „Herrenmenschen". Und sie diskutierten, wie es weitergehen sollte mit jenen, die man als nicht der Volksgemeinschaft zugehörige, minderwertige Rasse betrachtete: mit den Juden.

Vorbereitet worden war der Vernichtungsfeldzug auf allen Ebenen. Juristisch hatten die am 15. September 1935 verabschiedeten Nürnberger Gesetze eine Basis gelegt. Neben dem Entzug zahlloser Alltagsrechte verboten sie auch Mischehen von Juden und „Deutschblütigen". Die zunehmende Diskriminierung und Verfolgung mündete in die Pogromnacht des 9. November 1938, in deren Rahmen Tausende jüdischer Wohnhäuser, Geschäfte und Synagogen zerstört wurden, ganz zu schweigen von Verhaftungen und Morden. Parallel dazu wurde die Einrichtung von Konzentrationslagern und abgeriegelten Gettos vorangetrieben. Am 31. Juli 1941 wurde Reinhard Heydrich, Leiter des Reichssicherheitshauptamts, von Hermann Göring mit der „Endlösung der Judenfrage" beauftragt. Zur finanziellen, logistischen und propagandistischen Konkretisierung der Aufgabe berief Heydrich – während Massenmorde schon vielerorts im Gange waren – die späterhin so genannte Wannsee-Konferenz ein. 15 Vertreter der Partei, der SS und verschiedener Ministerien trafen sich zu einer 90-minütigen Unterredung. Das Protokoll, verfasst von Adolf Eichmann (Leiter des Judenreferats im Reichssicherheitshauptamt), belegt die Einmütigkeit der Runde – der systematische Völkermord an den Juden in Europa war eingeläutet.

Sechs Millionen Menschen jüdischen Glaubens fielen bis zum Kriegsende dem Rassenwahn zum Opfer. Sie starben an Auszehrung, wurden zu Tode geprügelt, erschossen, vergast. Während viele ihrer Mörder nach 1945 unbehelligt blieben, ereilte die Federführenden der Wannsee-Konferenz ihr Schicksal. Reinhard Heydrich starb 1942 durch ein Attentat tschechischer Widerstandskämpfer. Adolf Eichmann wurde nach seinem Prozess 1962 in Israel hingerichtet.

Das Haus der Wannsee-Konferenz ↗

Durchführung des angeordneten Boykotts gegen
jüdische Einrichtungen, 1. April 1933 →

87

ORTE DER ERINNERUNG Das Haus der Wannsee-Konferenz dokumentiert das entsprechende Treffen im Januar 1942. Das Berliner Holocaust-Mahnmal wurde 2005 eröffnet. Einen umfassenden Überblick zu Gedenkstätten gibt die Website www.ns-gedenkstaetten.de.

2. Februar 1943 | DIE NIEDERLAGE VON STALINGRAD

Wendepunkt des Zweiten Weltkriegs

Das Bild in der Berliner Gedächtniskirche ist von eindringlicher Schlichtheit: Eine friedlich schlafende Mutter hält ihr Kind in den Armen, umhüllt von einer schützenden Decke. Die friedliche Szene wird jedoch brutal konterkariert durch die auf den Rand geschriebenen Worte: „Weihnachten 1942 im Kessel Stalingrad". Schöpfer der rührenden Kohlezeichnung ist der Kasseler Mediziner Kurt Reuber, der als Truppenarzt der 6. Armee diente.

Nach dem Überfall Nazideutschlands auf die Sowjetunion im Juni 1941 waren die Truppen zunächst schnell vorangekommen. Auch das strategisch bedeutsame Stalingrad (heute: Wolgograd) sollte im Sturm erobert werden. Aber wie schon im Winter '41 startete die Sowjetführung auch hier eine vehemente Gegenoffensive. Ende August 1942 drangen die deutschen Verbände in die Stadt vor, erfolgreich zunächst. Um sie herum jedoch begann die russische „Operation Uranus". Nur wenige Tage nach ihrem Start am 19. November hatten die russischen Streitkräfte Stalingrad komplett eingekesselt. Die Versorgung der Deutschen aus der Luft kam zum Erliegen, die Vorräte an Lebensmitteln und Munition schwanden. Der Winter mit Temperaturen von bis zu minus 40 Grad Celsius tat ein Übriges, um den Durchhaltewillen der Eingekesselten zu brechen. Obwohl General Paulus, Oberbefehlshaber der 6. Armee, frühzeitig für einen Rückzug plädiert hatte, blieb Hitler uneinsichtig. Stalingrad sollte unter allen Umständen gehalten werden.

Die Schlacht von Stalingrad endete am 2. Februar 1943 mit der totalen Niederlage der Wehrmacht. Über eine halbe Million sowjetischer Soldaten und Zivilisten hatte dafür ihr Leben gelassen. Für das deutsche Heer sollte es von nun an nur noch zurückgehen, das Datum markiert den Anfang vom Ende des Krieges. Die Bilanz auf deutscher Seite: Schon zu Beginn der sowjetischen Gegenoffensive waren Zehntausende gefallen. Etwa 110 000 Soldaten von vormals 230 000 Eingeschlossenen gingen in Stalingrad in sowjetische Kriegsgefangenschaft, nur rund 6000 sollten sie überleben. Kurt Reuber war nicht darunter. Aber sein Bild, die stille Madonna mit ihrem Kind, wurde gerettet.

Die Siegesfahne wird gehisst: in Stalingrad nach der Schlacht. ↗
Kurt Reubers Madonna mit Kind in der Berliner Gedächtniskirche →

ORTE DER ERINNERUNG In der Berliner Gedächtniskirche hängt Kurt Reubers „Madonna von Stalingrad". Auf dem Limburger Hauptfriedhof steht ein Stalingrad-Denkmal. Zahlreiche Gedenkstätten finden sich auch in Wolgograd.

23. Mai 1949 / 7. Oktober 1949 | DIE GRÜN-DUNG VON BRD UND DDR

Deutschland wird zweistaatlich

Im alten Bonner Plenarsaal existieren noch die drei schleusenartigen Türen, durch die der sogenannte Hammelsprung praktiziert wurde: Fielen Abstimmungen per Armheben nicht eindeutig aus, verließen alle Abgeordneten den Saal und kamen durch die Ja-, Nein- oder Enthaltungstür wieder herein.

Die Gründungsphase der Bundesrepublik Deutschland bestand aus Provisorien. Vorbereitende Gespräche führte man im Naturkundemuseum Koenig – unter ausgestopften Giraffen. Der erste Bundestag traf sich in einer Turnhalle. Funktional umgebaut, sollte das Gebäude der Bonner Pädagogischen Akademie schließlich rund vierzig Jahre lang als Plenarsaal dienen. Ab 1948, noch vor den ersten Wahlen, tagte hier der Parlamentarische Rat der vereinten drei westlichen Besatzungszonen. Dieser erarbeitete im Auftrag der westlichen Siegermächte das Grundgesetz, die rechtliche und politische Grundordnung Nachkriegsdeutschlands. 36 Mal wurde nachgebessert, aber dann stand es. „Die Würde des Menschen ist unantastbar" lautet sein erster Artikel. Sein Inkrafttreten am 23. Mai 1949 gilt zugleich als Geburtsstunde der Bundesrepublik Deutschland. Aus den Wahlen im selben Jahr ging die CDU als stärkste Partei hervor. Konrad Adenauer wurde der erste deutsche Bundeskanzler.

Doch auch im sowjetischen Sektor hatte man ab 1948 an einer als „gesamtdeutsch" apostrophierten Verfassung gearbeitet. Die BRD-Gründung gab den Anlass, einen zweiten deutschen Staat aus der Taufe zu heben: die Deutsche Demokratische Republik. Am 7. Oktober 1949 wählte die Volkskammer den langjährigen KPD-Funktionär Wilhelm Pieck zum ersten Präsidenten der DDR.

Die westdeutsche Bundestags-Turnhalle in Bonn wurde 1988 abgerissen. Sämtliche großen Entscheidungen zwischen Mauerfall, Wiedervereinigung und Umzugsbeschluss nach Berlin wurden im benachbarten Wasserwerk getroffen. Als schließlich der an gleicher Stelle errichtete neue Plenarsaal am Rhein 1992 eingeweiht wurde, waren seine Tage bereits gezählt. Seit 1999 debattiert der gesamtdeutsche Bundestag wieder im Berliner Reichstagsgebäude.

Blick in den Plenarsaal während der konstituierenden Sitzung des 4. Deutschen Bundestags in Bonn am 17. Oktober 1961 ↗

In der Kuppel des Reichstags, heute Sitz des Bundestags →

89

ORTE DER ERINNERUNG Das Bonner Bundeshaus dient heutzutage als Konferenzgebäude, kann aber besichtigt werden. Auch der Berliner Reichstag steht Besuchern offen.

1. Januar 1951 | DER ERSTE FÜNF-JAHRES-PLAN

Wirtschaftslehre in der DDR

Die Deutsche Demokratische Republik existierte von 1949 bis 1990. Einer ihrer schwerwiegendsten Geburtsfehler war es, die Warenproduktion einer radikalen, nicht nach links und rechts schauenden Planwirtschaft zu unterwerfen. Der erste Fünf-Jahres-Plan trat 1951 in Kraft. Jeder einzelne Produktionszweig – von der Elektrotechnik über den Bergbau bis zur Landwirtschaft – wurde einer klaren Vorgabe unterworfen. Die ostdeutschen Bauern beispielsweise sollten ihre Ernte bis 1955 um 25 Prozent gesteigert haben, das hieß: 17 Millionen Tonnen Kartoffeln und jeweils rund sieben Millionen Tonnen Zuckerrüben und Getreide zu produzieren.

Ein gängiger DDR-Spruch lautete: „Mein Freund, der Plan." Galgenhumor und ein gewisser Hohn schwangen darin mit, und sie waren von Anfang an berechtigt. Die Ziele waren viel zu hoch gehängt, zumal die Nachkriegs-DDR noch unter dem immensen Abfluss von Reparationsgütern in Richtung UdSSR zu leiden hatte. Das Jahr 1955 kam, und ein Kilo Butter kostete 24 Ostmark – bei einem Durchschnittsverdienst von 345 Ostmark. Dennoch gab sich die Führung weiterhin blind-optimistisch. Noch 1958 proklamierte man das Ziel, die Bundesrepublik bis 1961 ökonomisch zu überholen. Tatsächlich jedoch lag die Westproduktion zu jenem Zeitpunkt schon rund ein Drittel höher als im Osten. Planwirtschaft verlieh offenbar keine Flügel, sondern wirkte im Gegenteil lähmend. Als angesichts der desolaten Lage immer mehr Arbeitskräfte gen Westen flohen, reagierte das Regime mit dem Mauerbau.

Ab 1963 versuchten die ostdeutschen Fachleute gegenzusteuern. Mit dem „Neuen Ökonomischen System der Planung und Leitung" (NÖSPL) sollten marktwirtschaftliche Elemente einfließen, ohne jedoch an den Grundfesten der Planwirtschaft zu rütteln. Ein Widerspruch in sich, der erneute Kurskorrekturen erforderte. Anfang der 1980er-Jahre war die DDR so hoch verschuldet, dass nur die Milliardenkredite des Westens sie noch über Wasser hielten. Als dann auch noch die Sowjetunion unter Gorbatschow weitere Unterstützung versagte, begehrte 1989 das Volk auf. Das Ende der DDR bedeutete dann auch das Ende der Planwirtschaft.

DDR-Plakat von 1952 →

90

Noch vor Frosteintritt die

WINTERFURCHE

ziehen!

Jm Wettbewerb muß der Bezirk Dresden an erster Stelle stehen!

1952
November
25
Dienstag

Deshalb Beendigung der Winterfurche bis 25. November

20. Dezember 1955 | DAS ANWERBE-ABKOMMEN

Deutschland wird zum Einwanderungsland

Armando Rodrigues de Sá wusste nicht, wie ihm geschah. Was wollten all diese Leute von ihm? Erst allmählich realisierte er an jenem 10. September 1964, dass er hier, am Bahnhof Köln-Deutz, als einmillionster Gastarbeiter geehrt wurde. Die Werkskapelle von Felten & Guilleaume spielte ein Lied, das sie für typisch südländisch hielt: „Auf in den Kampf, Torero". Armando bekam einen Strauß Nelken geschenkt und eine zweigängige „Zündapp Sport Combinette", die heutzutage im Bonner Haus der Geschichte steht. Nachdem der gelernte Zimmermann 1979 an Krebs gestorben war, erzählte seine Frau sehr rührend, dass er vor lauter Stolz nie jemanden mit dem Moped habe fahren lassen.

Im Gegensatz zum Portugiesen Armando wurde dem allererstem Gastarbeiter keinerlei Ehrung zuteil. Sicher ist jedoch, dass es sich um einen Italiener handelte. Bernhard Ehmke, der zuständige Ministerialrat im Bundesarbeitsministerium, erklärte in einer Besprechung vom November 1954, es gebe einen „intensiven Drang des Auslandes, in der deutschen Wirtschaft Arbeitskräfte unterzubringen". Kein Ministerbesuch vergehe, während dem diese Sache nicht erörtert werde. Ein Jahr später schließlich reiste Bundeskanzler Konrad Adenauer nach Rom, um dort am 20. Dezember das erste Anwerbeabkommen mit Italien zu unterzeichnen. Viele weitere sollten folgen, so etwa mit Spanien, Griechenland (beide 1960) und ein Jahr darauf mit jenem Land, dessen einstige Arbeitsmigranten heute die größte Fraktion bilden: der Türkei.

Seien es die Fließbänder bei Ford (Köln), Opel (Rüsselsheim) oder Mercedes (Stuttgart), sei es die Straßenreinigung oder der Schnellimbiss an der Ecke: Überall besetzten ausländische Arbeitskräfte Stellen, die in Zeiten des „Wirtschaftswunders" mit deutschen nicht mehr zu füllen waren. Ab der zweiten und spätestens mit der dritten Generation etablierte sich auch ein ausländischer Mittelstand, Deutschland wurde zunehmend „multikulturell". Menschen mit Migrationshintergrund, wie es ein bisschen verschämt heißt, gehen heutzutage wählen und stellen sich zur Wahl, sie sind Politiker und Unternehmer. Oder sogar Fußballnationalspieler.

Armando Rodrigues de Sá nach seiner Ankunft in Köln 1964 →

ORTE DER ERINNERUNG Das Haus der Geschichte in Bonn ist der „Bonner Republik" gewidmet. Hier ist auch das Moped von Armando Rodrigues de Sá ausgestellt.

18. Juni 1957 | DAS GLEICHBERECHTI-GUNGSGESETZ

Artikel 3, Absatz 2 GG wird umgesetzt

Erste politische Frauenverbände waren in Deutschland schon um die Mitte des 19. Jahrhunderts entstanden. Als sie sich 1894 zum Bund Deutscher Frauenvereine zusammenschlossen, war die Bewegung bereits recht stark. Rund 250 000 Mitglieder, so schätzt man, engagierten sich um 1914 unter diesem Dach. Jenseits großer inhaltlicher Differenzen war eine Forderung allen gemein: die nach dem Wahlrecht auch für Frauen.

Namen wie die von Louise Otto-Peters (1819–1895), Clara Zetkin (1857–1933) oder Rosa Luxemburg (1871–1919) stehen für die Dynamisierung des Emanzipationsprozesses. Einen entscheidenden Wendepunkt brachte schließlich die Revolution von 1918. Am 12. November verkündete der provisorische Rat der Volksbeauftragten ein allgemeines Wahlrecht ab 20 Jahren für Männer wie Frauen. Erstmals bei den Wahlen zur Nationalversammlung am 19. Januar 1919, dem Beginn der Weimarer Republik, machten Frauen davon Gebrauch.

Bis zur völligen Gleichheit vor dem Gesetz sollten jedoch noch einige Jahre ins Land gehen. „Männer und Frauen sind gleichberechtigt", heißt es in Artikel 3, Absatz 2 des 1949 verabschiedeten Grundgesetzes unmissverständlich. Aber die einzelnen Gesetzesausführungen sahen anders aus. Das am 18. Juni 1957 erlassene Gleichberechtigungsgesetz hebt unter anderem das alleinige Entscheidungsrecht des Mannes in der Ehe auf und garantiert der Frau die Alleinverwaltung ihres eingebrachten Vermögens. Andere Schranken jedoch blieben unten, von heute aus betrachtet beinahe unvorstellbar: So dürfen Frauen erst seit 1962 ein eigenes Konto führen und seit 1977 ohne Einverständnis ihres Mannes einen Job annehmen. Einflussreich war seinerzeit die aus der APO hervorgegangene feministische Bewegung, die vor allem den Kampf gegen den § 218 (Schwangerschaftsabbruch) zu ihrem Thema machte. Bis in die jüngste Zeit musste der Gesetzgeber immer wieder nachbessern, etwa in Hinsicht auf die Strafbarkeit von Vergewaltigung in der Ehe (eingeführt 1997). Und damit der Bund als leuchtendes Beispiel vorangehe, trat am 5. Dezember 2001 das Bundesgleichstellungsgesetz in Kraft.

Demonstration für das Frauen-Wahlrecht, Berlin, 12. Mai 1912 ↗

Rosa Luxemburg (rechts) und Clara Zetkin vor deren ehemaligem Wohnhaus in Birkenwerder →

ORTE DER ERINNERUNG Der Kampf um die Gleichberechtigung ist mit einigen großen Frauennamen verbunden. Um nur zwei Beispiele zu nennen: Als Wegbereiterin der deutschen Frauenbewegung gilt Louise Otto-Peters (1819–1895), deren Denkmal in Leipzig steht. In Clara Zetkins ehemaligem Wohnhaus in Birkenwerder ist ein Museum zu ihrem Leben und Wirken untergebracht.

1. Oktober 1958 | DER KING KOMMT

Elvis Presley importiert den Rock 'n' Roll

Heißt die Tochter des King Lisa-Marie, weil Elvis damit zwei seiner deutschen Freundinnen ehren wollte? Hat er wirklich jenes legendäre, einem US-Soldaten verbotene Konzert in der Micky-Bar von Grafenwöhr gegeben? Niemand weiß es genau, aber die Mythen leben fort. Insgesamt 17 Monate weilte Elvis Aaron Presley (1935–1977) in Deutschland, vor allem im hessischen Bad Nauheim. Zwischen dem 1. Oktober 1958 und dem 2. März 1960 leistete er im nahen Friedberg seinen Militärdienst ab. Öffentliche Auftritte hielten sich deshalb in Grenzen, aber allein seine Anwesenheit ließ das vom Krieg ergraute Land in einem neuen Licht erscheinen. Denn was Elvis vor allem mit nach Deutschland brachte, war nicht sein Waffenrock, sondern der Rock 'n' Roll.

Zwei Jahre vor seiner Ankunft hatte sich der deutsche Nachwuchssänger Peter Kraus, damals 17, erstmals öffentlich an diesen neuen Songs aus den Vereinigten Staaten versucht. Als Gast eines Hugo-Strasser-Konzerts sang er von den „Blue Suede Shoes" und dem „Heartbreak Hotel". Die Presse jubelte ihn am Folgetag zum „deutschen Elvis" hoch – und übertrieb damit gewaltig. Näher kam dem Idol Kraus' etwas wilderer Konkurrent Ted Herold. Auch der gebürtige Berliner war erst zarte 17, als er 1959 seinen Cover-Hit „Ich bin ein Mann" auf Platte brannte. Wegen des doch recht eindeutigen Textes („Du weißt, ich küsse heiß / Du weißt, ich brenne gleich / Du weißt, dass ich immer alles / alles erreich / Ich bin ein Mann / Hey hey hey, ich bin ein Mann") wurde der Song von deutschen Radiosendern boykottiert. Umso entzückter waren die Zensoren hingegen, als Elvis, kurz nach seinem Abschied aus Deutschland, den Volksliedklassiker „Muss i denn (zum Städele hinaus)" aufnahm.

Die Leidenschaft der Jugend besiegte die verknöcherten Tugendwächter letztendlich ohne große Mühe. Ihr Mut speiste sich nicht zuletzt aus dem Umstand, dass Elvis, der King, ihnen leibhaftig erschienen war. Seitdem war der Rock 'n' Roll auch zwischen Nordsee und Alpen nicht mehr aufzuhalten – sei es in Form von Musik, im Film, als Dresscode und nicht zuletzt als Lebenseinstellung.

Elvis besteigt den Zug, der ihn nach Friedberg bringt. ↗
Elvis-Stele in Bad Nauheim →

ORTE DER ERINNERUNG In Elvis' Wohnort Bad Nauheim findet man den Elvis-Presley-Platz mit einer Stele des King. Die Brücke über die Usa, wo Elvis einst abgelichtet wurde, existiert noch genauso wie die Burgpforte, vor der das Plattencover von „A Big Hunk O' Love" entstand. Auch vor den ehemaligen Ray Barracks in Friedberg, seinem Army-Stützpunkt, steht ein Elvis-Denkmal.

ELVIS AARON PRESLEY
„The King of Rock'n'Roll"
WOHNTE WÄHREND SEINER
MILITÄRZEIT
1958–1960
IN BAD NAUHEIM

13. August 1961 | DIE MAUER

Westberlin wird zur Insel

Eine von Berlins meistbesuchten Sehenswürdigkeiten besteht aus nichts als Beton und Moniereisen. 3,60 Meter hoch war die Berliner Mauer, die den Ost- und Westteil der heutigen Hauptstadt über eine Länge von 46 Kilometer voneinander trennte. Erhalten geblieben sind von diesem „antifaschistischen Schutzwall" (DDR-Jargon) nur ein paar längere und kürzere Stücke. Die Besucher, die heute an den Mauerresten der East Side Gallery in Friedrichshain, an der Bernauer oder der Niederkirchnerstraße entlangspazieren, schütteln nicht selten entgeistert den Kopf. Obwohl erst ein paar Jahre Geschichte, erscheint ihnen dieses Monument zu weit weg, zu absurd, um echt zu sein.

„Niemand hat die Absicht, eine Mauer zu errichten" – der Spruch von Walter Ulbricht wurde Tausende Male zitiert. Denn was der Staats- und Parteichef der DDR da der Weltöffentlichkeit am 15. Juni 1961 auftischte, war eine faustdicke, kalkulierte Lüge. Schon zwei Monate später, in der Nacht zum 13. August, wurde der Ostsektor Berlins abgeriegelt. Stacheldraht und Straßensperren, Wachtürme und Mauerbau waren die Folge. In einem symbolischen Akt schlossen DDR-Verbände bereits am 14. August das Brandenburger Tor, das nun mitten im Sperrgebiet lag. Westberlin wurde zur Insel, die von der Bundesrepublik aus nur noch über streng kontrollierte Transitwege zu erreichen war.

Zu viele Bürger hatten das sozialistische Deutschland bis 1961 bereits verlassen, die umgangssprachlich so genannte „Abstimmung mit den Füßen" drohte die DDR auszubluten. Offiziell hingegen diente die Abriegelung der „Unterbindung der feindlichen Tätigkeit der revanchistischen und militaristischen Kräfte Westdeutschlands". Wie man dies anzustellen gedachte, machte die DDR-Führung wenige Tage später klar. Beim Versuch, den Westteil der Stadt schwimmend zu erreichen, wurde der Transportpolizist Günter Litfin am 24. August auf Höhe der Humboldthafenbrücke erschossen. Weitere 5000 Fluchtversuche von DDR-Bürgern sollten folgen, weitere 238 Menschen starben dabei. Ein neues Kapitel wurde erst am 9. November 1989 aufgeschlagen: Der Mauerfall läutete die Wiedervereinigung ein.

Mauerstück an der Niederkirchnerstraße (Topographie des Terrors) ↗
Westberliner Plakat zur Information der Ostberliner Bevölkerung (1961) →

94

ORTE DER ERINNERUNG Das Mauermuseum an der Friedrichstraße, das Dokumentationszentrum an der Bernauer Straße sowie das Dokumentationszentrum Topographie des Terrors beleuchten die Zustände zu DDR-Zeiten. Heutzutage führt ein am besten per Fahrrad zu erkundender Mauerweg über 160 Kilometer rund um das bis 1989 abgeriegelte Westberlin.

NEUES DEUTSCHLAND
ORGAN DES ZENTRALKOMITEES DER SOZIALISTISCHEN EINHEITSPARTEI DEUTSCHLANDS

„Ich verstehe Ihre Frage so, daß es in Westdeutschland Menschen gibt, die wünschen, daß wir die Bauarbeiter der Hauptstadt der DDR dazu mobilisieren, eine Mauer aufzurichten. Mir ist nicht bekannt, daß eine solche Absicht besteht. Die Bauarbeiter unserer Hauptstadt beschäftigen sich hauptsächlich mit Wohnungsbau, und ihre Arbeitskraft wird dafür voll eingesetzt.

Niemand hat die Absicht, eine Mauer zu errichten!"

Ulbricht am 15. Juni 1961
auf einer internationalen Pressekonferenz in Ostberlin

17. Dezember 1962 | DAS „FACHGESCHÄFT FÜR EHEHYGIENE"

Beate Uhse eröffnet ihren ersten Shop

Die lokale Presse war dem Termin ferngeblieben. Offenbar erschien es dem Flensburger Tageblatt zu heikel, über dieses Event zu berichten. Ein paar Reporter überregionaler Medien hatten immerhin nach Flensburg gefunden, und sie wussten ihren Lesern Erstaunliches zu berichten: Die Einrichtung dieses „Fachgeschäfts für Ehehygiene" sei modern, das verwendete Holz edel. Und die dezent präsentierten Artikel seien durchnummeriert, sodass der Kunde an der Kasse keine Worte aussprechen musste, die ihm die Schamesröte ins Gesicht getrieben hätten.

Mit der Eröffnung des ersten Beate-Uhse-Shops am 17. Dezember 1962 wurde die Geschäftsidee einer Unternehmerin Wirklichkeit, die lange vor den 68ern und der Frauenbewegung den Mut hatte, die Emanzipation auf ein neues Niveau zu führen. Für die Frauen der Nachkriegszeit veränderte sich durch Beate Uhse (1919–2001) und den von ihr initiierten Aufbruch nicht alles, aber vieles. Schon 1946 hatte die Tochter einer Ärztin damit begonnen, Broschüren zur Verhütung nach Knaus-Ogino unters Volk zu bringen. Anonym versandt, war der Erfolg überwältigend. Ihr erstes Versandhaus gründete Beate Uhse 1951, ein Jahr nach dem Neckermann-Versand. Die Textilien, die beide im Katalog hatten, unterschieden sich allerdings recht deutlich voneinander.

Tabus zu brechen, erfordert Mut, und Beate Uhse kannte offenbar schon als Jugendliche keine Angst. Mit 17 steuerte sie Flugzeuge und stieg zur diplomierten Kunstfliegerin auf. Im Verbund mit Sexualaufklärern wie Oswalt Kolle gelang es ihr, die Bettdecken des verklemmten Nachkriegsdeutschlands ein wenig zu lüften. Verhütungsmittel brachten der Frau eine neue Selbstbestimmung und Unabhängigkeit – nicht zuletzt auch von der Angst vor ungewollter Schwangerschaft. Die gebürtige Ostpreußin Beate Uhse blieb zeitlebens umstritten. Gleichzeitig machte ihr Unternehmergeist sie zu einer reichen Frau. Schließlich sprach der Umsatz für sich: Bei ihr bestellten nicht nur ein paar „Perverslinge", sondern breiteste Bevölkerungsschichten. Als die Unternehmerin 2001 starb, hatten sich die Moralvorstellungen in der Bundesrepublik fundamental gewandelt – nicht zuletzt dank Beate Uhse.

Blick in einen der ersten Selbstbedienungsläden von Beate Uhse →

95

ORTE DER ERINNERUNG Am Marienkirchhof 4 in Flensburg, wo
Beate Uhse 1948–1961 wohnte, hängt eine Gedenktafel. Ebenfalls in
Flensburg erinnert die kleine Beate-Rotermund-Straße an sie – der
Nachname geht auf ihren zweiten Mann zurück.

7. Dezember 1970 | DER KNIEFALL VON WARSCHAU

Willy Brandt und die Ostverträge

Die Geste, mit der ihn die Skulptur in der Berliner SPD-Parteizentrale verewigt, ist mehrdeutig. Die ausgestreckten Finger der rechten Hand könnten ebenso erklärend wie abwägend gemeint sein. Tatsächlich galt Willy Brandt (1913–1992) zeitlebens als ausgesprochen skrupulös. Mit den sogenannten Ostverträgen ab 1970 bewies er jedoch großen Mut und Durchsetzungskraft.

Das geteilte Deutschland lag mitten in Europa, auf beiden Seiten des Eisernen Vorhangs, der im Falle einer bewaffneten Auseinandersetzung zur Frontlinie geworden wäre. Aussöhnung in Zeiten des „Kalten Krieges" war deshalb das Ziel der seit 1969 regierenden sozialliberalen Koalition von SPD und FDP. Den ersten Schritt dafür machte man im August 1970 mit den Moskauer Verträgen. Oberste Priorität hatte die gegenseitige Versicherung, zukünftige Konflikte friedlich zu lösen. Darüber hinaus erkannte Deutschland an, dass die seit 1945 entstandenen neuen Grenzen nicht mehr gewaltsam verändert werden sollten, nicht zuletzt die polnische Westgrenze entlang Oder und Neiße.

Vielen konservativen Kräften im Westen Deutschlands galt des Kanzlers Ostpolitik als Landesverrat. Ehemals deutsche Gebiete in Ostpreußen oder das 1938 annektierte Sudetenland seien damit verloren. Aber Brandt ließ sich in seiner Politik nicht beirren – Deeskalation und eine Normalisierung der diplomatischen Beziehungen sowie des Grenzverkehrs blieben auf der Agenda. Zu einer bewegenden Szene kam es dann während der Verhandlungen zum Warschauer Vertrag Ende 1970. Am 7. Dezember besuchten Brandt und seine Delegation das 1940 von den Nazis eingerichtete Warschauer Judengetto. Vor dem Ehrenmal für die Toten des Aufstands vom 19. April 1943 legte der Kanzler ganz dem Protokoll entsprechend einen Kranz nieder. Kurz darauf jedoch sackte er auf die Knie und verharrte in dieser demutsvollen Geste.

Willy Brandt hat im Nachhinein immer betont, dass er damals spontan handelte. Wohl deshalb wirkt sein Warschauer Kniefall bis heute so authentisch – als ein Zeichen der Vergebung für die Verbrechen der Vergangenheit und zugleich als Vorzeichen einer zukünftigen Friedenspolitik.

Willy Brandt vor dem Mahnmal in Warschau →

ORTE DER ERINNERUNG In Warschau wurde ein Platz nach Willy Brandt benannt, auf dem auch ein Kniefall-Denkmal steht. Im Berliner Willy-Brandt-Haus, der SPD-Parteizentrale, steht die 3,40 Meter hohe Brandt-Skulptur von Rainer Fetting.

25. November 1973 | DER AUTOFREIE SONNTAG

Ein Schock namens Ölkrise

Das sogenannte „Wirtschaftswunder" der 1950er- und 1960er-Jahre hatte Deutschland neben neuem Wohlstand auch einen gewissen ökonomischen Optimismus beschert. Die Wirtschaft florierte, die öffentlichen Kassen waren voll, und die privaten Haushalte pflegten ihre Statussymbole: den Fernsehapparat im Wohnzimmer und die Familiendroschke vor der Tür. Dass jedoch so manche Ressource endlich war, trat Anfang der 1970er-Jahre mit der ersten Ölpreiskrise ins öffentliche Bewusstsein.

Auslöser war der israelisch-arabische Jom-Kippur-Krieg (6.–25. Oktober 1973), in dem es wieder einmal um den Sinai und die Golanhöhen ging. Erstmals fasste die arabische Koalition und ihre Organisation der Arabischen Erdölexportierenden Staaten (OAPEC) während des Krieges den Beschluss, Öl als politisches Mittel zu nutzen, um die westlichen Länder wegen ihrer Unterstützung Israels im Krieg unter Druck zu setzen. In einem ersten Schritt wurde der Erdölexport um fünf Prozent gesenkt. Der Versuch, die USA und Israel dadurch auseinanderzudividieren, misslang zwar. Aber die ökonomischen Folgen waren drastisch. Der Preis für Rohöl stieg bereits im Folgejahr um 400 %. Das deutsche Bruttosozialprodukt sank von +5,3 % 1973 auf −1,8 % 1975. Im selben Zeitraum stieg die Arbeitslosigkeit von knapp 300 000 auf über eine Million.

Autoindustrie und Politik mussten reagieren. In den Werken begann man, sich für den Spritverbrauch der Karossen zu interessieren. Das Thema „Umwelt" geriet allerdings erst im nächsten Jahrzehnt in den Fokus, noch ging es ausschließlich um Mark und Pfennig. Auch das am 9. November 1973 von der sozialliberalen Koalition in Bonn verabschiedete Energiesicherungsgesetz widmete sich den „Grenzen des Wachstums". In diesem Zusammenhang griffen Kanzler Brandt & Co. dann auch zu einem Mittel, dessen Symbolgehalt sie vielleicht gar nicht überschauten: An vier aufeinanderfolgenden Sonntagen, beginnend mit dem 25. November, galt ein allgemeines Autofahrverbot. Verödete Autobahnen und todesstille Innenstädte standen für das Ende eines lang gehegten Zukunftsoptimismus.

Leere Autobahn bei Kiel während des zweiten Autofahrverbots 1973 ↗

Stau auf der A1 →

ORTE DER ERINNERUNG Weltweit gilt inzwischen der 22. September als der Autofreie Tag.

18. Oktober 1977 | DER DEUTSCHE HERBST

Mogadischu, Stammheim und die Schleyer-Entführung

Die Bewegung der 68er hatte auch einen gewaltbereiten Flügel hervorgebracht. Mit der Befreiung seines Wortführers Andreas Baader während eines Gefängnisfreigangs begann die Geschichte der RAF, der Rote-Armee-Fraktion. Jener 14. Mai 1970 war auch der Tag, an dem die renommierte Journalistin Ulrike Meinhof in den Untergrund abtauchte. Immer neue Banküberfälle, Anschläge und Entführungen durch die RAF kosteten Verletzte und Tote. Der Staat reagierte mit Rasterfahndungen und Gesetzesverschärfungen wie dem Radikalenerlass vom 18. Februar 1972. Für viele Lehrer und öffentlich Bedienstete der Folgezeit kam er einem Berufsverbot gleich. Jahrelang befand sich Deutschland in einem Ausnahmezustand. In jeder Postfiliale hingen Fahndungsplakate mit den Köpfen der jeweiligen RAF-Generation. Die Situation eskalierte schließlich im September und Oktober 1977, eine Zeitspanne, die sogar ein eigenes historisches Label bekam: der Deutsche Herbst.

Das Stammheimer Gefängnis der ersten RAF-Führung dient noch immer als Justizvollzugsanstalt. Bis 1977 saßen hier neben Baader und Meinhof auch Gudrun Ensslin und Jan-Carl Raspe ein, ebenfalls leitende RAF-Mitglieder der ersten Stunde. Am 5. September hatten ihre Nachfolger den Arbeitgeberpräsidenten Hanns Martin Schleyer entführt, um die Freilassung der Stammheimer zu erpressen. Parallel dazu begann am 13. Oktober ein weiteres Drama. Ein palästinensisches Terrorkommando kidnappte die Lufthansa-Maschine „Landshut" mit rund 90 Menschen an Bord. Ein Irrflug rund um die halbe Welt begann, der schließlich in der somalischen Hauptstadt Mogadischu endete. Am 18. Oktober um 0 Uhr 5 MEZ stürmte ein Kommando der deutschen Spezialeinheit GSG 9 das Flugzeug, tötete drei der vier Entführer und befreite sämtliche Geiseln lebend. Bei der RAF löste diese Nachricht eine blutige Kettenreaktion aus. Raspe, Ensslin und Baader starben in derselben Nacht durch Suizid. Hanns Martin Schleyer, seit 43 bitteren Tagen in Händen der Entführer, wurde am nächsten Morgen ermordet im Kofferraum eines Audi 100 gefunden. Erst ein Vierteljahrhundert später erklärte die RAF das Ende ihres Terrors.

Das Schleyer-Denkmal in Köln-Braunsfeld ↗

Verteilung von RAF-Steckbriefen im Gefolge der Ermordung
Hanns Martin Schleyers →

ORTE DER ERINNERUNG Die Stammheimer JVA stand oft vor dem Abriss, existiert jedoch bis heute. Das Bonner Haus der Geschichte dokumentiert auch den Deutschen Herbst. Am Ort der Schleyer-Entführung in Köln steht ein Mahnmal samt Gedenkkreuz.

3. Oktober 1990 | DIE WIEDERVEREINIGUNG

DDR und BRD werden eins

Auf einer Tagung des ostdeutschen Thomas-Müntzer-Komitees ließ der DDR-Staatschef Erich Honecker einen vermeintlich visionären Satz fallen: „Die Mauer wird in 50 und auch in 100 Jahren noch bestehen bleiben, wenn die dazu vorhandenen Gründe nicht beseitigt werden", sagte er an jenem 19. Januar 1989. Da war sicher schon eine gehörige Portion Trotz mit im Spiel, denn es kam bekanntlich anders. Mit der berühmt gewordenen Stotterrede des Politbüro-Mitglieds Günter Schabowski am 9. November des selben Jahres („Das tritt nach meiner Kenntnis … ist das sofort, unverzüglich.") wurde der Eiserne Vorhang Geschichte. Und mit der Mauer öffnete sich zugleich das Tor für die deutsche Wiedervereinigung.

Die Voraussetzungen für dieses historische Ereignis waren vor allem in der Sowjetunion geschaffen worden. Mit seiner Glasnost (Offenheit) und Perestroika (Umbau) genannten Annäherungspolitik setzte Michail Gorbatschow dem Kalten Krieg ein Ende. Entscheidend geschwächt wurde dadurch im Ostblock vor allem das DDR-Regime. Am 4. September 1989 ging in Leipzig die erste „Montagsdemonstration" vonstatten. Viele weitere, auch in anderen ostdeutschen Städten, sollten folgen, und dies unter immer stärkerer Beteiligung der DDR-Bürger. „Wir sind das Volk" wurde zum symbolträchtigen Schlachtruf der friedlichen Protestzüge, ab Anfang Oktober ergänzt durch die Variante „Wir sind *ein* Volk". Und genau darauf sollte es auch hinauslaufen. Schon am 11. September hatte Ungarn seine Westgrenze für flüchtende DDR-Bürger geöffnet. Neun Tage später konnte der bundesdeutsche Außenminister Hans-Dietrich Genscher vom Balkon der westdeutschen Botschaft in Prag aus die offizielle Ausreisegenehmigung für Tausende hierhin geflohene DDR-Bürger verkünden. „Es wächst zusammen, was zusammengehört", brachte es Altkanzler Willi Brandt bald darauf auf eine griffige Formel. Am 20. September 1990 stimmte die Volkskammer der DDR dem Einigungsvertrag zu, ebenso der Deutsche Bundestag in Bonn. 13 Tage später schließlich trat dieser in Kraft. Der 3. Oktober gilt seitdem als „Tag der Deutschen Einheit".

99

„Fest der Einheit" in der Nacht vom 2. zum 3. Oktober 1990
vor dem Berliner Reichstag →

ORTE DER ERINNERUNG Die deutsche Einheit ist museal wie im Straßenbild beinahe omnipräsent. Der symbolträchtigste Ort für Trennung und Wiedervereinigung ist vielleicht das lange im Sperr-gebiet zwischen Berlin-Ost und -West verwaiste Brandenburger Tor. Gleiches gilt für die Mauer-Erinnerungsstätten in Berlin sowie die zahlreichen Museen entlang der ehemaligen BRD/DDR-Grenze.

14. März 2003 | DIE AGENDA 2010

Umbau oder Abbau des Sozialstaats?

Kriege, Flüchtlingswellen und politisch-religiöse Radikalisierung – das noch junge dritte Jahrtausend hat der Welt bereits einiges zugemutet. Auch Deutschland hat dadurch sein Gesicht verändert. Fragt man sich jedoch, welche Entscheidung das Land am stärksten ummodellierte, steht die Agenda 2010 an erster Stelle. Keine andere politische Wende seit der Wiedervereinigung war von solchem Gewicht.

Vorarbeiten hatte der seit 1998 amtierende Bundeskanzler Gerhard Schröder mit dem im Juni 1999 veröffentlichten Schröder-Blair-Papier geleistet. Das Modernisierungskonzept für die (europäische) Sozialdemokratie bildete den Auftakt zur Ausarbeitung seiner auf Deutschland zugeschnittenen Form. In seiner Regierungserklärung vom 14. März 2003 verkündete der Bundeskanzler dann die „Agenda 2010", einen radikalen „Umbau unseres Sozialstaates" für „mehr Wachstum und für mehr Beschäftigung". Manche seiner Sätze klangen wie eine Drohung gegen all jene, die sein Vorgänger Helmut Kohl in der „sozialen Hängematte" verortet hatte. Schröders zentrale Aussage vor dem Bundestag: „Wir werden Leistungen des Staates kürzen (...) und mehr Eigenleistung von jedem Einzelnen abfordern müssen."

Kernstück der Reform war dann die Zusammenlegung der Arbeitslosenhilfe und der Sozialhilfe auf dem niedrigeren Niveau der letzteren. Wer das neu eingeführte Arbeitslosengeld II (Alg II, auch Hartz IV genannt) erhalten will, muss seitdem seine Vermögensverhältnisse offenlegen – bis hin zu den Sparbüchern der Kinder. Gekürzt wurde auch beim regulären Arbeitslosengeld: Unabhängig vom Einzahlungszeitraum in die Arbeitslosenversicherung ist damit nach zwölf Monaten (Menschen über 55: 18 Monate) Schluss, der Bezieher rutscht ab ins Alg II. Parallel dazu verschärfte die Agenda 2010 die Bestimmungen zur Zumutbarkeit von angebotenen Arbeitsstellen – bei gleichzeitiger Lockerung des Kündigungsschutzes.

Die deutsche Wirtschaft brummte in der Folge, die Zahl der Arbeitslosen sank. Ob man dies allerdings der Agenda 2010 verdankt, ist umstritten. Den einen gilt sie als Jobmaschine, den anderen hingegen als Armutsfalle.

Bundeskanzler Gerhard Schröder (SPD) fordert am 1. Juni 2003 auf dem SPD-Sonderparteitag in Berlin Unterstützung für seine geplanten Sozialreformen. →

ORTE DER ERINNERUNG Im Grunde erinnert jedes Jobcenter an die Aufgaben, die früher von Arbeitsämtern wahrgenommen wurden.

9. Juni – 9. Juli 2006 | DAS SOMMERMÄRCHEN
Die Fußball-WM in Deutschland

Fußball ist der meistbetriebene Sport unseres Globus, und die alle vier Jahre stattfindenden Weltmeisterschaften sind seine Krönungsfeierlichkeiten. Sehr häufig ist das Turnier in mal schwierige, mal spannende politische Konstellationen eingebettet. Auch Deutschland kann davon ein Lied singen. So kam es bei der Heim-WM 1974 zum Aufeinandertreffen zwischen der Bundesrepublik und der DDR. Der Außenseiter aus dem Ostblock schlug den späteren Weltmeister mit 1 : 0, und bis heute kursiert die Frage: „Wo warst du, als das Sparwasser-Tor fiel?"

Historisch bedeutend war für Deutschland schon die WM von 1954 gewesen. Vier Jahre zuvor hatte die DFB-Auswahl noch nicht teilnehmen dürfen, und auch damals in der Schweiz lag auf Sepp Herbergers Team noch der Fluch des Krieges. Aber wie das Wirtschaftswunder vor der Tür stand, so wurde das Wunder von Bern Wirklichkeit: Am 4. Juli 1954 besiegte die deutsche Elf im Wankdorfstadion die hoch favorisierten Ungarn mit 3 : 2. Das darniederliegende Selbstwertgefühl der Nation erhob sich zu einem „Wir sind wieder wer". Im Deutschen Fußballmuseum in Dortmund betritt man direkt mit dem ersten Raum eine den Helden von 1954 gewidmete Ruhmeshalle. Fritz Walter und seine Kämpen stehen lebensgroß im Rund, während sich die zarten Töne der Nationalhymne hinter den legendären Radiokommentar von Herbert Zimmermann legen: „Aus, aus, aus – aus! Das Spiel ist aus! Deutschland ist Weltmeister!"

Einen Zeitenwechsel markierte schließlich auch die WM von 2006, erneut in Deutschland ausgetragen. Unter dem Motto „Die Welt zu Gast bei Freunden" präsentierte sich das inzwischen wiedervereinigte Land als freundlich-fröhlicher Gastgeber. Die internationale Gästeschar staunte über die vermeintlich so nüchternen Deutschen. Eine Folge: Seit der Nazizeit verpönte Ausdrucksformen des Patriotismus wurden wieder salonfähig. Deutschlandfahnen etwa sind im Gefolge von 2006 ein Millionenseller. Und obwohl die Elf des Trainergespanns Klinsmann/Löw den Wettbewerb lediglich als Dritte beendete, gingen diese vier Wochen in die Geschichte ein: als „Das Sommermärchen".

Sommermärchen-Feier auf der Berliner Fan-Meile 2006 ↗

Die Pfälzer WM-Helden von 1954 vor dem Fritz-Walter-Stadion auf dem Kaiserslauterer Betzenberg →

ORTE DER ERINNERUNG Das Deutsche Fußballmuseum in Dortmund dokumentiert die WM 1954, 1974 und 2006 ausführlich. Das bekannteste 54er-Denkmal porträtiert die fünf Kaiserslauterer Spieler inklusive Kapitän Fritz Walter. Für das Sommermärchen steht vor allem die 2006 erstmals installierte „Fanmeile" vor dem Brandenburger Tor in Berlin.

BERN   „Die Außenseiterrolle ist ein
Schlüssel für die Schatzkammer
unermesslicher Kräfte, die
- geweckt und geschürt -
Energien freisetzt, die helfen.
Berge zu versetzen."
Sepp Herberger

4.JULI 1954

ALLE ADRESSEN

1 DIE VARUSSCHLACHT

Hermannsdenkmal: 32760 Detmold-Hiddesen | www.hermannsdenkmal.de | März–Okt. 9–17 Uhr | Nov.–Feb. 9.30–16 Uhr

Museum Kalkriese: Venner Straße 69 | 49565 Bramsche-Kalkriese | www.kalkriese-varusschlacht.de | April–Okt. tägl. 10–18 Uhr | Nov.–März Di–So 10–17 Uhr

Varus-Denkmal Haltern am See: Graf-von-Galen-Park | zwischen Siebenteufelsturm und neuem Rathaus

2 DER LIMES

Kastell Saalburg: Saalburg 1 | 61350 Bad Homburg | www.saalburgmuseum.de | März–Okt. tägl. 9–18 Uhr | Nov.–Feb. Di–So 9–16 Uhr

Limesmuseum Aalen: St.-Johann-Straße 5 | 73430 Aalen | www.limesmuseum.de | März–Okt. Di–So 10–17 Uhr | Nov.–Feb. Di–So 10–16 Uhr

RömerMuseum Weißenburg: Martin-Luther-Platz 3–5 | 91781 Weißenburg | www.weissenburg.de | 15. März–30. Dez. tägl. 10–17 Uhr

3 DIE „GERMANIA" DES TACITUS

Germanisches Nationalmuseum: Kartäusergasse 1 | 90402 Nürnberg | www.gnm.de | Di–So 10–18 Uhr, Mi bis 21 Uhr

4 DIE CONSTITUTIO ANTONINIANA

Universitätsbibliothek Gießen: Otto-Behaghel-Straße 8 | 35394 Gießen | www.uni-giessen.de | Die Papyri können nur für Forschungszwecke nach Voranmeldung eingesehen werden.

Caracalla-Thermen: Viale delle Terme di Caracalla | 00153 Rom, Italien

5 DAS ENDE DES LIMES

Römisches Museum Augsburg: Zeugplatz 4 | 86150 Augsburg | www.kunst-sammlungen-museen.augsburg.de | Di–So 10–17 Uhr

6 DIE ÄLTESTE JÜDISCHE GEMEINDE

Jüdisches Museum Berlin: Lindenstraße 9–14 | 10969 Berlin | www.jmberlin.de | Mo 10–22 Uhr, Di–So 10–20 Uhr

Jüdisches Museum Westfalen: Julius-Ambrunn-Straße 1 | 46282 Dorsten | www.jmw-dorsten.de | Di–Fr 10–12.30 Uhr u. 14–17 Uhr, Sa u. So 14–17 Uhr

MiQua Köln: Bau-Fortschritte sind am Rathausplatz zu besichtigen.

7 DER RHEINÜBERGANG DER GERMANEN

Römisch-Germanisches Zentralmuseum: Geöffnet ist derzeit nur das untergeordnete Museum für Antike Schifffahrt | Neutorstraße 2b | 55116 Mainz | www.rgzm.de | Di–So 10–18 Uhr

Römisch-Germanisches Museum (Köln): Roncalliplatz 4 | 50667 Köln | www.roemisch-germanisches-museum.de | Di–So 10–17 Uhr

8 DIE ZERSTÖRUNG BURGUNDS

Siegfried-Museum: Kurfürstenstraße 9 | 46509 Xanten | www.siegfriedmuseum-xanten.de | tägl. 10–17 Uhr

Nibelungenmuseum: Fischerpförtchen 10 | 67547 Worms | www.nibelungen-museum.de | Di–Fr 10–17 Uhr, Sa u. So 10–18 Uhr

Handschriften: A/Bayerische Staatsbibliothek: www.bsb-muenchen.de | B/ Stiftsbibliothek St. Gallen: www.stibi.ch | C/Badische Landesbibliothek Karlsruhe: www.blb-karlsruhe.de

9 DIE SCHLACHT AUF DEN KATALAUNISCHEN FELDERN

Neues Museum: Museumsinsel | Bodestraße 1–3 | 10178 Berlin | www.smb.museum.de | Mo–So 10–18 Uhr

10 CHLODWIG WIRD CHRIST

Chlodwigstele: 53909 Zülpich-Langendorf | Auf einem Feld am Nordrand des Ortes. Eine Übersichtstafel zu sämtlichen Standorten der Rückriem-Skulpturen findet sich am Parkplatz der Langendorfer Burg.

Kathedrale Reims: Place du Cardinal Luçon | 51100 Reims, Frankreich

Kathedrale St. Denis: 1 Rue de la Légion d'Honneur | 93200 Saint-Denis, Frankreich

11 DIE ZWEITE LAUTVERSCHIEBUNG

Schloss Benrath: Benrather Schloßallee 100–106 | 40597 Düsseldorf | www.schloss-benrath.de | Nov.–März Di–So 11–17 Uhr | April–Okt. Di–Fr 11–17 Uhr, Sa u. So

11–18 Uhr | Die Ausstellung im Schloss ist allerdings nicht der Lautverschiebung gewidmet, sondern u. a. der Naturkunde und Gartenkunst.

12 PIPPIN WIRD HAUSMEIER

Basilika St. Denis: 1 Rue de la Légion d'Honneur | 93200 Saint-Denis, Frankreich | www.saint-denis-basilique.fr | Öffnungszeiten s. Website

Alte Mainbrücke: 97070 Würzburg

Basilika Prüm: Klosterhof 4 | 54595 Prüm | www.basilika-pruem.de | tägl. 9–18 Uhr

13 DER SIEG ÜBER DIE MAUREN

Gedenkstätte Moussais: 86210 Vouneuil-sur-Vienne | www.tourisme-vienne.com/fr/activite/360/echiquier-de-moussais-la-bataille

Basilika St. Denis: 1 Rue de la Légion d'Honneur | 93200 Saint-Denis, Frankreich | www.saint-denis-basilique.fr | Öffnungszeiten s. Website

14 BONIFATIUS | GENANNT „APOSTEL DER DEUTSCHEN"

Fritzlarer Dom: Dr.-Jestädt-Platz 11 | 34560 Fritzlar | www.katholische-kirche-fritzlar.de | Mo–Fr 9–17 Uhr, Sa 9–16 Uhr, So 12–16 Uhr

Dom zu Fulda: Eduard-Schick-Platz 2 | 36037 Fulda www.bistum-fulda.de | April–Okt. Mo–Fr 10–18 Uhr, Sa 10–15 Uhr, So 13–18 Uhr | Nov.–März Mo–Fr 10–17 Uhr, Sa 10–15 Uhr, So 13–18 Uhr

Denkmal Geismar: Kirchgasse | 37308 Geismar

Chattendorf Geismar: www.alt-geismar.de

15 DER CODEX ABROGANS

Stiftsbibliothek St. Gallen: Klosterhof 6D | 9004 St Gallen | Schweiz | www.stibi.ch | Mo–So 10–17 Uhr

Universitätsbibliothek Uppsala mit wulfila-Bibel: www.ub.uu.se

Konrad-Duden-Museum: Neumarkt 31 | 36251 Bad Hersfeld | www.badhersfeld-tourismus.de | So 15–17 Uhr

16 DIE KÖNIGSKRÖNUNG KARLS DES GROSSEN

Aachener Dom: Domhof 1 | 52062 Aachen | www.aachendom.de | Jan.–März 7–18 Uhr | April–Dez. 7–19 Uhr

Centre Charlemagne: Katschhof 1 | 52062 Aachen | www.centre-charlemagne.eu |
Di–So 10–17 Uhr

Kathedrale Notre Dame in Noyon: Place du Parvis | 60400 Noyon | www.noyon-tourisme.com

17 HAITHABU

Haithabu: Am Haddebyer Noor 5 | 24866 Busdorf | www.schloss-gottorf.de/haithabu | April–Okt. tägl. 9–17 Uhr | Nov.–März Di–So 10–16 Uhr

18 DIE SACHSENKRIEGE

Stiftskirche Obermarsberg: Am Stift 10 | 34431 Marsberg | www.katholische-kirche-marsberg.de | tagsüber geöffnet

Irminsul/Irmensäule: Bornhöhe/Am Romberg | 31097 Harbarnsen-Irmenseul

Widukind-Museum: Kirchplatz 10 | 3210 Enger | www.widukind-museum-enger.de |
Di–Sa 15–18 Uhr, So 11–18 Uhr

19 DIE KAROLINGISCHE RENAISSANCE

Dom zu Fulda: Eduard-Schick-Platz 2 | 36037 Fulda | www.bistum-fulda.de |
April–Okt. Mo–Fr 10–18 Uhr, Sa 10–15 Uhr, So 13–18 Uhr | Nov.–März Mo–Fr 10–17 Uhr, Sa 10–15 Uhr, So 13–18 Uhr

Aachener Dom: Domhof 1 | 52062 Aachen | www.aachendom.de | Jan.–März 7–18 Uhr | April–Dez. 7–19 Uhr

Centre Charlemagne: Katschhof 1 | 52062 Aachen | www.centre-charlemagne.eu |
Di–So 10–17 Uhr

20 DER VERTRAG VON VERDUN

St. Kastor: Kastorhof 4 | 56068 Koblenz | www.sankt-kastor-koblenz.de | Mo–So 9–18 Uhr

Basilika Prüm: Klosterhof 4 | 54595 Prüm | www.basilika-pruem.de | tägl. 9–18 Uhr

21 DIE SCHLACHT AUF DEM LECHFELD

Informationspavillon Königsbrunn: Alter Postweg 1 | 86343 Königsbrunn |
www.955schlachtaufdemlechfeld.de | Di u. Do 8.30–12.30 Uhr u. 14.30–17.30 Uhr,
Fr 8.30–12.30 Uhr, Sa u. So 14–17 Uhr

Barfüßerkirche Augsburg: Mittlerer Lech/Ecke Barfüßerstraße | 86150 Augsburg | www.st-jakob-augsburg.de | tägl. 9–18 Uhr

22 DIE KAISERKRÖNUNG OTTOS I.

Kloster Memleben: Thomas-Müntzer-Straße 48 | 06642 Kaiserpfalz-Memleben | www.kloster-memleben.de | 15. März–Okt. tägl. 10–18 Uhr | Nov.–14. März tägl. 10–16 Uhr

Burg Wendelstein: Untertor 8 | 36404 Vacha | www.museum-vacha.de | Di–Fr 10–17 Uhr, Mi 10–12 Uhr, Sa u So 14–17 Uhr

Dom Magdeburg: Am Dom 1 | 39104 Magdeburg | www.magdeburgerdom.de | Mai–Sept. 10–18 Uhr | Okt. u. April 10–17 Uhr | Nov.–März 10–16 Uhr

Dom Merseburg: Domplatz 7 | 06217 Merseburg | www.merseburger-dom.de | März–Okt. Mo–Sa 9–18 Uhr, So 12–18 Uhr | Nov.–Feb. Mo–Sa 10–16 Uhr, So 12–16 Uhr

23 THEOPHANU REGIERT ALS KAISERIN

St. Pantaleon: Am Pantaleonsberg 8 | 50676 Köln | www.sankt-pantaleon.de | Mo–Sa 9–19 Uhr, So 9.30–19.30 Uhr

St. Michael: Linde 1 | 98530 Rohr | www.kirche-rohr.de | Öffnungszeiten s. Website

24 DER ERSTE KREUZZUG

Urbans Denkmal: Place de la Victoire | 63000 Clermont-Ferrand, Frankreich

Steinerne Brücke: 93059 Regensburg

25 DAS WORMSER KONKORDAT

Wormser Dom: Domplatz | 67547 Worms | www.wormser-dom.de | April–Sept. 9–18 Uhr | Okt.–März 10–17 Uhr

Burg von Canossa: 42026 Canossa in der Emilia Romagna (Oberitalien)

26 DER WENDENKREUZZUG

Wendisches Museum Cottbus: Mühlenstraße 12 | 03046 Cottbus | www.wendisches-museum.de | derzeit wegen Umbau geschlossen

Slawenburg Raddusch: Zur Slawenburg 1 | 03226 Vetschau-Raddusch | www.slawenburg-raddusch.de | April–Juni u. Sept.–Okt tägl. 10–18 Uhr | Juli–Aug. tägl. 9.30–18 Uhr

Schildhorndenkmal: Straße am Schildhorn | 14193 Berlin-Grunewald

27 BARBAROSSAS TOD

Barbarossahöhle: An den Mühlen 6 | 99707 Kyffhäuserland-Rottleben | www.hoehle.de | April–Okt. tägl. 10–17 | Nov.-März Di–So 10–16 Uhr

Kyffhäuser-Denkmal: Steinthaleben | 99707 Kyffhäuserland-Steinthaleben | www.kyffhaeuser-denkmal.de | April–Okt. 9.30–18 Uhr | Nov.–März 10–17 Uhr

28 DER SACHSENSPIEGEL

Sachsenspiegel-Museum Reppichau: Akener Straße 3a | 06386 Reppichau | www.reppichau.de | Mo–So 10–12 u. 13–17 Uhr

Burg Falkenstein: Burgstraße 10 | 93167 Falkenstein | www.burg-falkenstein.com | Juli–Sept. tägl. 11–18 Uhr | Okt.–Juni Do–So 11–18 Uhr

29 DER KRUSCHWITZER VERTRAG

Zitadelle Spandau: Am Juliusturm 64 | 13599 Berlin | www.zitadelle-berlin.de | tägl. 10–17 Uhr

Walhalla Regensburg: Walhallastraße 48 | 93093 Donaustauf | www.walhalla-regensburg.de | April–Okt. 9–18 Uhr | Nov.–März 10–12 Uhr u. 13–16 Uhr

Ordensburg Thorn: 87-100 Toruń, Polen

30 DIE GRÜNDUNG BERLINS

The Story of Berlin: Kurfürstendamm 207–208 im Kudamm-Karree | 10719 Berlin | www.story-of-berlin.de | tägl. 10–20 Uhr

Stadtmuseum Berlin: Adressen und Öffnungszeiten der fünf Standorte finden sich unter www.stadtmuseum.de

31 AD EXTIRPANDA

Museum Alte Burg Penzlin: Warener Chaussee 55a | 17217 Penzlin | www.alteburg.amt-penzliner-land.de | Mo–Fr 10–18 Uhr | April, Sept. u. Okt. Mo–Fr 10–17 Uhr, Sa u So 13–16.30 Uhr | Nov.–März eingeschränkter Betrieb, s. Website

Anton-Praetorius-Denkmal: Martin-Luther-Kirche | Kirchstraße 2 | 69514 Laudenbach

Friedrich-Spee-Denkmal und -Grab: Jesuitenkirche | zwischen Brot- und Neustraße | 54290 Trier

32 VERURTEILT WEGEN „SODOMIE"

Schwules Museum Berlin: Lützowstraße 73 | 10785 Berlin | www.schwules-museum.de | So, Mo, Mi, Fr 14–18 Uhr

Denkmal für die im Nationalsozialismus verfolgten Homosexuellen: Ecke Ebert/Hannah-Arendt-Straße im Tiergarten

33 DIE PEST

Pestsäule Wallerstein: Hauptstraße | 86757 Wallerstein

Pestsäulen Freiburg: Münsterplatz | 79098 Freiburg

Pestsäule Halle: Universitätsring | 06108 Halle

Deutsches Medizinhistorisches Museum: Anatomiestraße 18 | 85049 Ingolstadt | www.dmm-ingolstadt.de | Di–So 10–17 Uhr | derzeit wegen Umbau geschlossen

Rochusaltar St. Lorenz: Lorenzer Platz | 90402 Nürnberg | www.lorenzkirche.de | Mo–Sa 9–17 Uhr, So 13–16 Uhr

34 DIE GOLDENE BULLE

Staatsarchiv Nürnberg: Archivstr. 17 | 90408 Nürnberg | www.gda.bayern.de/nuernberg | Mo, Di, Do 8–16 Uhr, Mi 8–20 Uhr, Fr 8–13.30 Uhr

Frauenkirche: Hauptmarkt | 90403 Nürnberg

35 DIE HANSE

Hansemuseum Lübeck: An der Untertrave 1 | 23552 Lübeck | www.hansemuseum.eu | Mo–So 10–18 Uhr

Hanse-Kogge-Denkmal in Hamburg: Süderstraße/Ecke Borstelmannsweg | 20537 Hamburg

Schifffahrtsmuseum Bremerhaven: Hans-Scharoun-Platz 1 | 27568 Bremerhaven | www.dsm.museum | 1. April–5. Nov. tägl. 10–18 Uhr | 6. Nov.–30. März Di–So 10–18 Uhr

36 DIE HEIDELBERGER UNIVERSITÄT

Universitätsmuseum Heidelberg: Universitätsplatz | 69117 Heidelberg | April–Okt. Di–So 10–18 Uhr | Nov.–März Di–Sa 10–16 Uhr

Universitätsbibliothek Heidelberg: Plöck 107–109 | 69117 Heidelberg | Mo–Fr 9–22 Uhr, Sa 9–17 Uhr

37 DIE ZUNFT DER SEIDMACHERINNEN

Seidmacherinnengässchen: 50667 Köln | zwischen Heu- und Alter Markt

Rathausturm Köln: Rathausplatz | 50667 Köln | Fygens Figur steht an der Ostseite, 1. Stock

38 SALZ, DAS „WEISSE GOLD"

Saline Lüneburg/Deutsches Salzmuseum: Sülfmeisterstraße 1 | 21335 Lüneburg | www.salzmuseum.de | tägl. 10–17 Uhr

Saline Bad Reichenhall: Alte Saline 9 | 83435 Bad Reichenhall | www.alte-saline-bad-reichenhall.de | Mai–Okt. 10–11.30 u. 14–16 Uhr | Nov.–April Di–Fr u. 1. So im Monat 14–16 Uhr

Elbschifffahrtsmuseum Lauenburg: Elbstraße 59 | 21481 Lauenburg | www.lauenburg.de | März–Okt. Mo–Fr 10–18 Uhr, Sa u. So 10–17 Uhr | Nov.–Feb. tägl. 10–16 Uhr

39 DIE GUTENBERG-BIBEL

Gutenberg-Museum: Liebfrauenplatz 5 | 55116 Mainz | www.gutenberg-museum.de | Di–Sa 9–17 Uhr | So 11–17 Uhr

Gutenberg-Pfad: www.mainz.de

40 DER EWIGE LANDFRIEDE

Reichskammergerichtsmuseum: Hofstatt 19 | 35578 Wetzlar | www.reichskammergericht.de | Di–So 10–13 Uhr u. 14–17 Uhr

41 DAS REINHEITSGEBOT

Bierbrunnen Ingolstadt: Gaußstraße 2 | 85057 Ingolstadt

Deutsches Hopfenmuseum: Elsenheimerstraße 2 | 85283 Wolnzach | www.hopfenmuseum.de | Di–So 10–17 Uhr

42 LUTHERS 95 THESEN

Luther-Geburtshaus Eisleben: Lutherstraße 15 | 06295 Eisleben | www.martin-luther.de | April-Okt. tägl. 10–18 Uhr | Nov.–März Di–So 10–17 Uhr

Lutherhaus Wittenberg: Collegienstraße 54 | 06886 Wittenberg | www.martin-luther.de | April-Okt. tägl. 9–18 Uhr | Nov.–März Di–So 10–17 Uhr

Wartburg: Auf der Wartburg 1 | 99817 Eisenach | www.wartburg-eisenach.de | April–Okt. 8.30–17 Uhr | Nov.–März 9–15.30 Uhr

Wittenberger Schlosskirche: Schlossplatz 1 | 06886 Wittenberg | www.schloss-kirche-wittenberg.de | Mo–Sa 10–18 Uhr, So 11.30–18 Uhr

Luther-Denkmal Worms: Grünanlage Adenauerring | 67547 Worms

43 DER BAUERNKRIEG

Panorama-Museum: Am Schlachtberg 9 | 06567 Bad Frankenhausen | www.panorama-museum.de | April–Okt. Di–So 10–18 Uhr | Nov.–März Di–So 10–17 Uhr | Juli u. Aug. auch Mo 13–18 Uhr

Bauernkriegsmuseum: Kornmarkt | 99974 Mühlhausen | www.muehlhaeuser-museen.de | Di–So 10–17 Uhr

44 DER SCHMALKALDISCHE BUND

Museum Schloss Wilhelmsburg: Schlossberg 9 | 98574 Schmalkalden | www.museumwilhelmsburg.de | April–Okt. tägl. 10–18 Uhr | Nov.–März Di–So 10–16 Uhr

45 DIE CONSTITUTIO CRIMINALIS CAROLINA

Digitale Ausgaben von Constitutio Criminalis Carolina und Bamberger Halsgerichtsordnung zum Beispiel hier: http://daten.digitale-sammlungen.de

46 DER AUGSBURGER RELIGIONSFRIEDE

Rathaus Augsburg: Rathausplatz 2 | 86150 Augsburg | www.augsburg.de/kultur/sehenswuerdigkeiten/rathaus | tägl. 10–18 Uhr

St. Ulrich: Ulrichsplatz | 86150 Augsburg | www.evangelisch-stulrich.de | April–Sept. Mo–Sa 11–17 Uhr | Okt.–März 11–16 Uhr | So ganzjährig 11.30–16 Uhr | www.ulrichsbasilika.de | tägl. 8–19 Uhr | mittwochs im Winter nur bis 16.30 Uhr

47 DIE SCHULPFLICHT KOMMT

Schulmuseum Bergisch Gladbach: Kempener Straße 187 | 51467 Bergisch Gladbach | www.das-schulmuseum.de. Mo–Fr 10–13 Uhr | 1. So im Monat 14–18 Uhr

Westfälisches Schulmuseum: An der Wasserburg 1 | 44379 Dortmund | www.dortmund.de/de/freizeit_und_kultur/museen | Di–So 10–17 Uhr

Schulmuseum Ichenhausen: Schlossplatz 3–5 | 89335 Ichenhausen | www.bayerisches-nationalmuseum.de | Di–So 10–17 Uhr

48 DER FENSTERSTURZ ZU PRAG

Rathaus Münster: Prinzipalmarkt 10 | 48143 Münster | www.muenster.de | Di–Fr 10–17 Uhr | Sa u. So 10–16 Uhr

Rathaus Osnabrück: Markt 30 | 49074 Osnabrück | www.osnabrueck.de | Mo–Fr 8–18 Uhr | Sa 9–16 Uhr | So 10–16 Uhr

Prager Burg: Hradschin: 119 08 Prag 1 | www.prague.eu | April–Sept. tägl. 9–17 Uhr | Okt.–März tägl. 9–16 Uhr

49 DER IMMERWÄHRENDE REICHSTAG

Altes Rathaus: Rathausplatz 1 | 93047 Regensburg | www.regensburg-bayern.de | Führungen: April–Okt. halbstündlich 9.30–12 Uhr u. 13.30–16 Uhr | Nov.–März 10 Uhr, 11.30 Uhr, 13.30 Uhr u. 15 Uhr

50 DEUTSCHLAND WIRD KOLONIALMACHT

Antikolonialdenkmal: Bremen-Schwachhausen | Nelson-Mandela-Park/Gustav-Deetjen-Allee | 28209 Bremen

51 DIE SELBSTKRÖNUNG FRIEDRICHS I.

Schloss Charlottenburg: Spandauer Damm 10–22 | 14059 Berlin | www.spsg.de | Nov.–März Di–So 10–17 Uhr | April–Okt Di–So 10–18 Uhr

Burg Hohenzollern: 72379 Burg Hohenzollern | www.burg-hohenzollern.com | 16. März–Okt. tägl. 10–17 Uhr | Nov.–15. März tägl. 10–16.30 Uhr

Ostpreußisches Landesmuseum: Heiligengeiststraße 38 | 21335 Lüneburg | www.ostpreussisches-landesmuseum.de | wegen Umbau zzt. geschlossen

52 EUROPA DRUCKT PAPIERGELD

Geldmuseum der Deutschen Bundesbank: Wilhelm-Epstein-Straße 14 | 60431 Frankfurt/Main | www.bundesbank.de/Navigation/DE/Bundesbank/Geldmuseum/geldmuseum.html | So–Fr 9–17 Uhr, Mi 9–20 Uhr

53 BACH AN DER THOMASKIRCHE

Thomaskirche mit Grab: Thomaskirchhof 18 | 04109 Leipzig | www.thomaskirche.org | tägl. 9–18 Uhr

Bachmuseum Leipzig: Thomaskirchhof 15/16 | 04109 Leipzig | www.bachmuseum-leipzig.de | Di–So 10–18 Uhr

Bachhaus Eisenach: Frauenplan 21 | 99817 Eisenach | www.bachhaus.de | tägl. 10–18 Uhr

54 DER KARTOFFELBEFEHL

Schloss Sanssouci: 14469 Potsdam | www.sanssouci.de | April–Okt. Di–So 10–18 Uhr | Nov.–März Di–So 10–17 Uhr

Deutsches Kartoffelmuseum: Hauptstraße 65 | 67136 Fußgönheim | www.deutscheskartoffelmuseum.de | Sept.–Juni jeden 1. So im Monat 14–18 Uhr und nach Absprache (s. Website)

55 AN DER WIEGE DES RUHRGEBIETS

St. Antony-Hütte: Antoniestraße 32–34 | 46119 Oberhausen | www.industriemuseum.lvr.de | Di–Fr 10–17 Uhr, Sa u. So 11–18 Uhr

Museum der Siedlung Eisenheim: Berliner Straße 10a | 46117 Oberhausen | www.industriemuseum.lvr.de | Ostersonntag–30. Okt. So 11–18 Uhr

Ruhrmuseum Zeche Zollverein: Fritz-Schupp-Allee 14 | 45309 Essen | www.zollverein.de | tägl. 10–18 Uhr

Deutsches Bergbau-Museum: Am Bergbaumuseum 28 | 44791 Bochum | www.bergbaumuseum.de | Di–Fr 8.30–17 Uhr, Sa u. So 10–17 Uhr

56 DER FRIEDE VON HUBERTUSBURG

Schloss Charlottenburg: Spandauer Damm 10–22 | 14059 Berlin | www.spsg.de | Nov.–März Di–So 10–17 Uhr | April–Okt. Di–So 10–18 Uhr

Burg Hohenzollern: 72379 Burg Hohenzollern | www.burg-hohenzollern.com | 16. März–Okt. tägl. 10–17 Uhr | Nov.–15. März tägl. 10–16.30 Uhr

Schloss Hubertusburg: 04779 Wermsdorf | www.hubertusburg-wermsdorf.de | Führungen Sa u. So 11.30 | 14 u. 15 Uhr

57 DIE WEIMARER KLASSIK

Wittumspalais: Theaterplatz/Am Palais 3 | 99423 Weimar | www.klassik-stiftung.de | Nov.–März Di–So 10–16 Uhr | April–Okt. Di–So 10–18 Uhr

Anna-Amalia-Bibliothek: Platz der Demokratie 1 | 99423 Weimar | www.klassikstiftung.de | Di–So 9.30–14.30 Uhr

Goethe-Schiller-Denkmal: Theaterplatz | 99423 Weimar

58 NATHAN DER WEISE ERSCHEINT

Lessing-Museum: Lessingplatz 1–3 | 01917 Kamenz | www.lessingmuseum.de |
Di–Fr 9–17 Uhr, Sa u. So 13–17 Uhr

Lessinghaus Wolfenbüttel: Lessingplatz 1 | 38304 Wolfenbüttel | www.hab.de |
Di–So 10–16 Uhr

59 DIE MAINZER REPUBLIK

Deutschhaus: Platz der Mainzer Republik 1 | 55116 Mainz | www.landtag.rlp.de |
Öffnungszeiten s. Website

Stadthistorisches Museum Mainz: Zitadelle | Bau D | 55131 Mainz (Zufahrt über
Eisgrubweg und die Straße „Am 87er Denkmal") | www.stadtmuseum-mainz.de |
Fr 14–17 Uhr, Sa u. So 11–17 Uhr

Heunensäule: Markt | 55116 Mainz

60 „ZUM EWIGEN FRIEDEN"

Königsberger Dom: ulitsa Kanta, 1 | Königsberg/Kaliningrad, Russland

Albertus-Universität Königsberg: Chernyshevskogo, 89 | Königsberg/Kalinin-
grad, Russland

Bode-Museum: Am Kupfergraben | 10117 Berlin | www.smb.museum | Di–So
10–18 Uhr

Hamburger Kunsthalle: Glockengießerwall | 20095 Hamburg | www.hambur-
ger-kunsthalle.de | Di–So 10–18 Uhr

Ostpreußisches Landesmuseum: Heiligengeiststraße 38 | 21335 Lüneburg |
www.ostpreussisches-landesmuseum.de | wegen Umbau zzt. geschlossen

61 DIE FRÜHROMANTIK

Romantikerhaus Jena: Unterm Markt 12a | 07743 Jena | www.romantikerhaus.
jena.de | Di–So 10–17 Uhr

62 DER FRIEDE VON LUNÉVILLE

Haus des Friedensschlusses: 61 Rue de Lorraine | 54300 Lunéville, Frankreich |
www.luneville.fr

Stadtmuseum Köln: Zeughausstraße 1–3 | 50667 Köln | www.museenkoeln.de/
koelnisches-stadtmuseum | Di–So 10–17 Uhr

63 DAS ENDE DES HEILIGEN RÖMISCHEN REICHS

Reichstagsmuseum Regensburg: Reichsaal des Alten Rathauses | Rathausplatz 1 | 93047 Regensburg | Führungen April–Okt. tägl. jede halbe Stunde 9.30–12 Uhr u. und 13.30–16 Uhr | 1.–6. Nov. tägl. 10 Uhr, 11.30 Uhr, 13.30 Uhr, 15 Uhr, 15.30 Uhr | 7. Jan.–28. Feb. 10 Uhr, 11.30 Uhr, 13.30 Uhr, 15 Uhr | März tägl. 10 Uhr, 11.30 Uhr, 13.30 Uhr, 15 Uhr, 15.30 Uhr

Frankfurter Römer/Kaisersaal: Römerberg 27 | 60311 Frankfurt am Main | www.frankfurt.de | tägl. 10–13 u. 14–17 Uhr

64 DAS OKTOBEREDIKT

Schloss Cappenberg: Schlossberg | 59379 Selm | www.kreis-unna.de | Öffnungszeiten s. Website

Vom-Stein-Denkmal vor dem Berliner Abgeordnetenhaus: Niederkirchner Straße 5 | 10117 Berlin

Freiherr-vom-Stein-Weg: s. www.stadt-nassau.de

65 „FAUST. EINE TRAGÖDIE"

Goethe-Geburtshaus: Großer Hirschgraben 23–25 | 60311 Frankfurt/M. | www.goethehaus-frankfurt.de | Mo–Sa 10–18, So 10–17.30 Uhr

Wohnhaus: Frauenplan 1 | 99423 Weimar | www.klassik-stiftung.de | Sommer: 9.30–16 Uhr | Winter: 9.30–18 Uhr

Gartenhaus: Park an der Ilm | 99423 Weimar | www.klassik-stiftung.de/einrichtungen/museen/goethes-gartenhaus | Jan.–25. März u. 29. Okt.–Dez. Di–So 10–16 Uhr | 26. März–28. Okt. Di–So 10–18 Uhr

Faust-Stadt Staufen im Breisgau: www.stadt-staufen.de

66 DIE „KINDER- UND HAUSMÄRCHEN"

Grimmwelt: Weinbergstraße 21 | 34117 Kassel | www.grimmwelt.de | Di–Do, Sa, So 10–18 Uhr, Fr 10–20 Uhr

Brüder-Grimm-Denkmal: Torwache | Brüder-Grimm-Platz | 34117 Kassel

Brüder-Grimm-Haus: Brüder-Grimm-Straße 80 | 36396 Steinau an der Straße | www.brueder-grimm-haus.de | tägl. 10–17 Uhr

Deutsche Märchenstraße: www.deutsche-maerchenstrasse.com

67 DIE VÖLKERSCHLACHT BEI LEIPZIG

Völkerschlachtdenkmal: Straße des 18. Oktober 100 | 04299 Leipzig | www.voel-kerschlachtdenkmal.de | April–Okt. 10–18 Uhr | Nov.–März 10–16 Uhr

Völkerschlachtdenkmal Monarchenhügel: Monarchenhügel | 04288 Leipzig

68 DER WIENER KONGRESS

Kongressgebäude/Bundeskanzleramt Österreich: Ballhausplatz 2 | 1010 Wien | www.bka.gv.at | Führungen s. Website

Metternich-Palais/Italienische Botschaft: Rennweg 27 | 1030 Wien | www.ambvi-enna.esteri.it/ambasciata_vienna/de

69 DAS WARTBURGFEST

Wartburg: Auf der Wartburg 1 | 99817 Eisenach | www.wartburg.de | April–Okt. 8.30–17 Uhr | Nov.–März 9–15.30 Uhr

Burschenschaftsdenkmal Jena: Universität Jena | Fürstengraben 1 | 07737 Jena

Burschenschaftsdenkmal Eisenach: An der Göpelskuppe 1 | 99817 Eisenach

70 BEETHOVENS 9. SINFONIE

Beethovenhaus Bonn: Bonngasse 20 | 53111 Bonn | www. beethoven-haus-bonn.de | April–Okt. tägl. 10–18 Uhr | Nov.–März Mo–Sa 10–17 Uhr | So 11–17 Uhr

Beethovenhaus Baden: Rathausgasse 10 | 2500 Baden | www.beethovenhaus-baden.at | Di–So 10–18 Uhr

Wohnung in Wien-Heiligenstadt: Probusgasse 6 | 1190 Wien | www.wienmuse-um.at/de/standorte/beethoven-wohnung-heiligenstadt.html

Pasqualati-Haus: Mölker Bastei 8 | 1010 Wien | www.wienmuseum.at/de/stand-orte/beethoven-pasqualatihaus.html | Di–So 10–13 u. 14–18 Uhr

Eroicahaus: Döblinger Hauptstraße 92 | 1190 Wien | www.wienmuseum.at/de/standorte/beethoven-eroicahaus.html | Öffnung nur bei Anmeldung mind. zwei Wochen vor dem gewünschten Termin | Tel. +43 (0)1 505 87 47 85173

Digitalisierte Partitur: http://beethoven.staatsbibliothek-berlin.de

71 DAS HAMBACHER FEST

Hambacher Schloss: 67434 Neustadt an der Weinstraße | www.hambacher-schloss.de | April–Okt. 10–18 Uhr | Nov.–März 11–17 Uhr

72 DER ZOLLVEREIN

Deutsches Zollmuseum: Alter Wandrahm 16 | 20457 Hamburg | www.zoll.de |
Di–So 10–17 Uhr

Zeche Zollverein: Fritz-Schupp-Allee 14 | 45309 Essen | www.zollverein.de | tägl.
10–18 Uhr

73 DIE LORELEY

Silcher Museum: Silcherstraße 49 | 71384 Weinstadt-Schnait | www.silcher-museum.de | März–Nov. 10–12 Uhr u. 14–17 Uhr

Heine-Museum: Bilker Straße 12–14 | 40213 Düsseldorf | www.duesseldorf.de/
heineinstitut | Di–Fr u. So 11–17 Uhr, Sa 13–17 Uhr

74 DAS LIED DER DEUTSCHEN

Büste an der Landungsbrücke: 27498 Helgoland

Inselmuseum: Kurpromenade 1430 | 27498 Helgoland | www.museum-helgoland.de | tägl. 10–14.30 Uhr

Hoffmann-von-Fallersleben-Museum: Schloss Fallersleben | Schlossplatz 6 |
38442 Wolfsburg | 05362 52623 | www.wolfsburg.de/hoffmann-museum | Di–Fr
10–17 Uhr, Sa 13–17 Uhr, So 11–17 Uhr

75 DAS KOMMUNISTISCHE MANIFEST

Karl-Marx-Haus: Brückenstraße 10 | 54290 Trier | www.fes.de/marx | April–Okt
tägl. 10–18 Uhr | Nov.–März Mo 14–17 Uhr, Di–So 11–17 Uhr

Engels-Haus Wuppertal: Friedrich-Engels-Allee 378 | 42483 Wuppertal | www.friedrich-engels-haus.de | Di–So 10–18 Uhr | wegen Renovierung sind einzelne Bereiche
geschlossen

Marx-Engels-Denkmal Chemnitz: Park der Opfer des Faschismus | 09111 Chemnitz

76 DIE FRANKFURTER NATIONALVERSAMMLUNG

Paulskirche: Paulsplatz 11 | 60311 Frankfurt am Main | tägl. 10–17 Uhr

77 DIE EMSER DEPESCHE

Gedenkstein Emser Depesche: Platz der Partnerschaften | Ecke Römer- und Grabenstraße | 56130 Bad Ems

Erinnerungsplakette zum Friedensschluss vom 10. Mai 1871: Steinweg 12 | 60313 Frankfurt – ehemaliger Standort des Hotels Zum Schwan

Einheitsdenkmal: Paulsplatz | 60311 Frankfurt

Schloss von Versailles: Place d´Armes | 78000 Versailles, Frankreich. Für Besichtigungen siehe: www.chateau-versailles.npage.de

78 DIE FUSSBALL-PREMIERE

„Kleiner Exer"/Konrad-Koch-Tafel: Pockelsstraße 11 | 38106 Braunschweig

Deutsches Fußballmuseum: Platz der Deutschen Einheit 1 | 44137 Dortmund | www.fussballmuseum.de | Di–So 10–18 Uhr

79 DIE SOZIALDEMOKRATISCHE PARTEI DEUTSCHLANDS

Gothaer Tivoli: Am Tivoli 3 | 99867 Gotha | www.tivoli-gotha.de | Di–Fr 10–17 Uhr

Zum Goldenen Löwen Eisenach: Marienstraße 57 | 99817 Eisenach | www.august-bebel-gesellschaft.de | Mo–Fr 11–17 Uhr, Sa u. So nach Anmeldung: 03691/75434

Willy-Brandt-Haus: Wilhelmstraße 140 | 10963 Berlin | www.willy-brandt-haus.de | Führungen s. Website

80 DIE ERSTE AUTOFAHRT

Bertha Benz Memorial Route: www.bertha-benz.de

Automuseum Dr. Carl Benz (entlang der BBM-Route): Ilvesheimer Straße 26 | 68526 Ladenburg | www.automuseum-ladenburg.de | Mi, Sa u. So 14–18 Uhr

Mercedes-Benz-Museum: Mercedesstraße 100 | 70372 Stuttgart | www.mercedes-benz.de | Di–So 9–18 Uhr

Bertha-Benz-Denkmal mit Stadtapotheke Wiesloch/1. Tankstelle der Welt: Hauptstraße 96 | 69168 Wiesloch | www.stadtapotheke-wiesloch.de

81 DIE 1. KLAPPE VON BABELSBERG

Filmpark Babelsberg: Großbeerenstraße 200 | 14482 Potsdam-Babelsberg | www.filmpark-babelsberg.de | 8. April–5. Nov. 10–18 Uhr

Filmmuseum Potsdam: Breite Straße 1A | 14467 Potsdam | www.filmmuseum-potsdam.de | Di–So 10–18 Uhr

Deutsche Kinemathek/Filmmuseum Berlin: Potsdamer Straße 2 | 10785 Berlin | www.deutsche-kinemathek.de | Di–So 10–18 Uhr

82 DER KIELER MATROSENAUFSTAND

Denkmal Matrosenaufstand: Ratsdienergarten | an der Straße Jensendamm | 24103 Kiel

Kieler Schifffahrtsmuseum: Wall 65 | 24103 Kiel | www.schifffahrtsmuseum-kiel.de | 15. April–14. Okt. tägl. 10–18 Uhr | 15. Okt.–14. April Di–So 10–17 Uhr

Gedenktafel zum Arbeiter- und Soldatenrat: Gewerkschaftshaus Kiel | Legienstraße 22–24 | 24103 Kiel

83 DER WAFFENSTILLSTAND VON COMPIÈGNE

Gedenkstätte Crawinkel: Bahnhofstraße | 99330 Crawinkel

Gedenkstätte Compiègne: 60200 Compiègne | Ortsteil Rethondes | Museum: April–14. Sept. tägl. 10–18 Uhr | 15. Sept.–April Mi–Mo 10–17.30 Uhr | am 11. November aus Sicherheitsgründen geschlossen | www.musee-armistice-14-18.fr

84 DIE WAHL ZUR NATIONALVERSAMMLUNG

Friedrich-Ebert-Haus: Pfaffengasse 18 | 69117 Heidelberg | www.ebert-gedenkstaette.de | Di–So 10–18 Uhr

Gedenkstätte der Sozialisten: Zentralfriedhof Friedrichsfelde | Gudrunstraße 20 | 10365 Berlin-Lichtenberg | www.sozialistenfriedhof.de | Feb.–Nov. ab 7.30 Uhr | Dez. u. Jan. ab 8 Uhr | jeweils bis zur Dämmerung

85 DIE WÄHRUNGSREFORM

Geldmuseum der Deutschen Bundesbank: Wilhelm-Epstein-Straße 14 | 60431 Frankfurt | www.bundesbank.de/Navigation/DE/Bundesbank/Geldmuseum/geldmuseum.html | So–Fr 9–17 Uhr, Mi 9–20 Uhr

86 HITLER WIRD REICHSKANZLER

Standort von Hitlers ehemaliger „Neuer Reichskanzlei": Ecke Wilhelm-/Voßstraße | 10117 Berlin

87 DIE WANNSEE-KONFERENZ

Haus der Wannseekonferenz: Am Großen Wannsee 56/58 | 14109 Berlin | www.ghwk.de | tägl. 10–18 Uhr

Holocaust-Mahnmal: Cora-Berliner-Straße 1 | 10117 Berlin | das Stelenfeld ist jederzeit zugänglich

88 DIE NIEDERLAGE VON STALINGRAD

Madonna von Stalingrad: Gedächtniskirche | Breitscheidplatz | 10789 Berlin

Stalingrad-Denkmal: Hauptfriedhof Limburg | Friedhofsweg 14 | 65549 Limburg an der Lahn

89 DIE GRÜNDUNG VON BRD UND DDR

Plenarsaal Bonn: Platz der Vereinten Nationen 2 | 53113 Bonn | www.worldcc-bonn.com | Das ehemalige Bundestagsgebäude samt Plenarsaal kann im Rahmen von Führungen besichtigt werden. Genaueres s. Website.

Reichstag Berlin: Platz der Republik 1 | 11011 Berlin | www.bundestag.de/besucher | Besuchszeiten s. Website

90 DER ERSTE FÜNF-JAHRES-PLAN

Automobilmuseum Eisenach: Friedrich-Naumann-Straße 10 | 99817 Eisenach | www.awe-stiftung.de | April–Okt. Di–So 10–18 Uhr | Nov.–April Di–So 11–17 Uhr

91 DAS ANWERBEABKOMMEN

Haus der Geschichte: Willy-Brandt-Allee 14 | 53113 Bonn | www.hdg.de | Di–Fr 9–19 Uhr | Sa u. So 10–18 Uhr

92 DAS GLEICHBERECHTIGUNGSGESETZ

Denkmal Louise Otto-Peters: Rosental-Park | 04105 Leipzig

Clara-Zetkin-Museum und Gedenkstätte: Summter Straße 4 | 16547 Birkenwerder | www.birkenwerder.de | Mo u. Fr 11–16 Uhr, Di u. Do 11–18 Uhr

93 DER KING KOMMT

Elvis-Presley-Platz mit Stele des King: 61231 Bad Nauheim

Brücke über die Usa: am Sprudelhof/Kurpark | 61231 Bad Nauheim

Burgpforte: 61231 Bad Nauheim

Denkmal Friedberg: Elvis-Presley-Kreisel | 61169 Friedberg

94 DIE MAUER

Mauermuseum: Friedrichstraße 43–45 | 10969 Berlin | www.mauer-museum.com | tägl. 9–22 Uhr

Dokumentationszentrum: Bernauer Straße 119 | 13507 Berlin | www.berliner-mauer-gedenkstaette.de | Di–So 10–18 Uhr | Freigelände mit Mauerresten ebendort: tägl. 8–22 Uhr

Topografie des Terrors: Niederkirchnerstraße 8 | 10963 Berlin | www.topographie.de | tägl. 10 Uhr bis Einbruch der Dunkelheit

Mauerweg: s. www.berlin.de/mauer/mauerweg

95 DAS „FACHGESCHÄFT FÜR EHEHYGIENE"

Gedenktafel: Am Marienkirchhof 4 | 24937 Flensburg

Beate-Rotermund-Straße: 24943 Flensburg

96 DER KNIEFALL VON WARSCHAU

Willy-Brandt-Platz mit Kniefall-Denkmal: Skwer Willy'ego Brandta | Mordechaja Anielewicza | 01-999 Warszawa, Polen

Willy-Brandt-Haus mit Skulptur: Wilhelmstraße 140 | 10963 Berlin | www.willy-brandt-haus.de | Führungen s. Website

98 DER DEUTSCHE HERBST

JVA Stammheim: Asperger Straße 60 | 70439 Stuttgart-Stammheim | www.jva-stuttgart.de

Haus der Geschichte: Willy-Brandt-Allee 14 | 53113 Bonn | www.hdg.de | Di–Fr 9–19 Uhr, Sa u. So 10–18 Uhr

Hanns Martin Schleyer-Mahnmal: Friedrich-Schmidt-Straße/Ecke Vincenz-Statz-Straße | 50933 Köln

99 DIE WIEDERVEREINIGUNG

Brandenburger Tor: Pariser Platz | 10117 Berlin

Mauermuseum: Friedrichstraße 43–45 | 10969 Berlin | www.mauer-museum.com | tägl. 9–22 Uhr

Dokumentationszentrum: Bernauer Straße 119 | 13507 Berlin | www.berliner-mauer-gedenkstaette.de | Di–So 10–18 Uhr; Freigelände mit Mauerresten ebendort: tägl. 8–22 Uhr

Topografie des Terrors: Niederkirchnerstraße 8 | 10963 Berlin | www.topographie.de | tägl. 10 Uhr bis Einbruch der Dunkelheit

Mauerweg: s. www.berlin.de/mauer/mauerweg

100 DIE AGENDA 2010

Reichstag Berlin: Platz der Republik 1 | 11011 Berlin | www.bundestag.de/besucher | Besuchszeiten s. Website

101 DAS SOMMERMÄRCHEN

Deutsches Fußballmuseum: Platz der Deutschen Einheit 1 | 44137 Dortmund | www.fussballmuseum.de | Di–So 10–18 Uhr

WM-Denkmal vor dem Fritz-Walter-Stadion: Fritz-Walter-Straße 1 | 67663 Kaiserslautern

Fanmeile Berlin: Straße des 17. Juni | zwischen Siegessäule und Brandenburger Tor

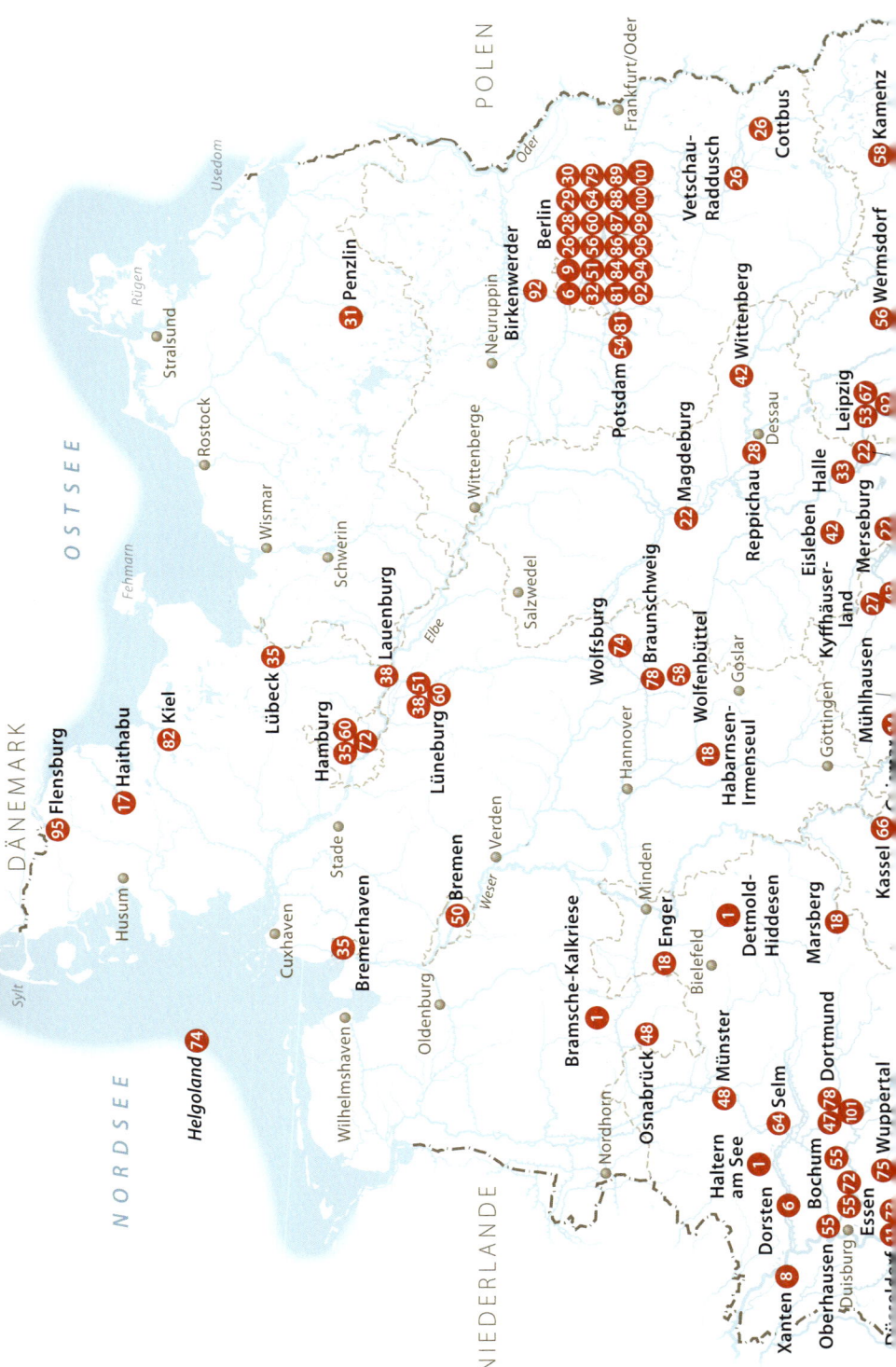

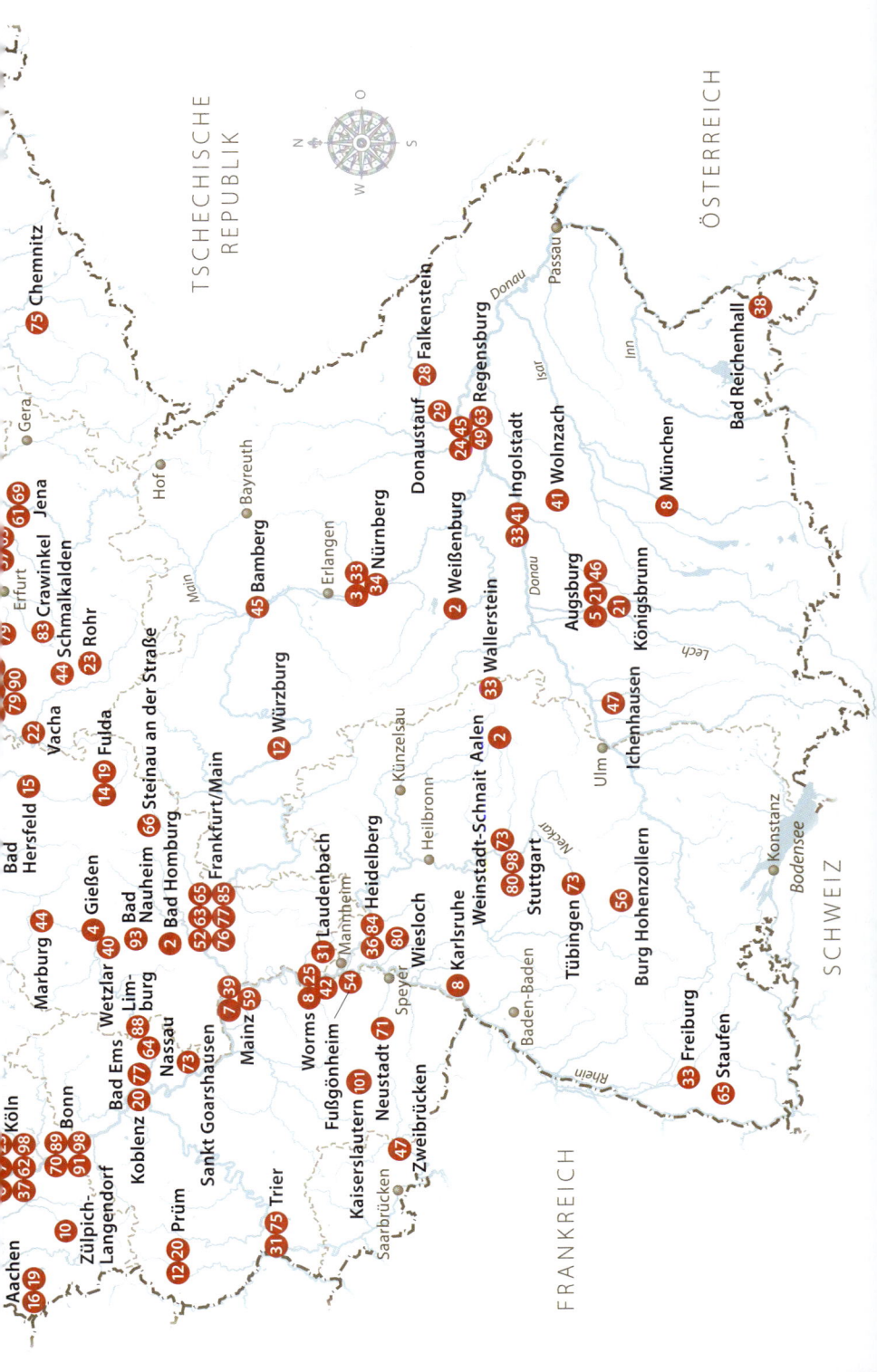

TSCHECHISCHE REPUBLIK

ÖSTERREICH

SCHWEIZ

FRANKREICH

N O S W

75 Chemnitz

61 69 Jena

79 90

22 Vacha

44 Schmalkalden

23 Rohr

83

Erfurt

Gera

Hof

Bad Hersfeld 15

14 19 Fulda

66 Steinau an der Straße

Marburg 44

4 Gießen

40 Wetzlar

Bad Nauheim

93

Lim- burg

2 Bad Homburg

Frankfurt/Main

Main

45 Bamberg

Bayreuth

Erlangen

3 33

34 Nürnberg

2 Weißenburg

28 Falkenstein

29 Donaustauf

24 45

49 63 Regensburg

33 41 Ingolstadt

41 Wolnzach

Donau

Donau

Isar

Inn

Passau

Bad Reichenhall 38

8 München

5 21 46

21 Königsbrunn

Augsburg

Lech

12 Würzburg

52 63 65

76 77 85

31 Laudenbach

42 Mannheim

54

36 84 Heidelberg

80 Wiesloch

8 Karlsruhe

71 Neustadt

101 Fußgönheim

Speyer

Künzelsau

Heilbronn

33 Wallerstein

2

56 73

80 98 Stuttgart

Neckar

73 Tübingen

Weinstadt-Schnait Aalen

56 Burg Hohenzollern

47 Ichenhausen

Ulm

Bodensee

Konstanz

Aachen 16 19

10 Zülpich Langendorf

Köln

37 62 98

70 89 98

91 98

Bonn

Koblenz 20 77

64 88 Nassau

73

Bad Ems

Sankt Goarshausen

7 39

Mainz 59

8 25 Worms

12 20 Prüm

31 75 Trier

Kaiserslautern

47 Zweibrücken

Saarbrücken

33 Freiburg

65 Staufen

Rhein

Baden-Baden

BILDNACHWEIS

o = oben, u = unten

S. 15 o: akg-images / Museum Kalkriese | **S. 15 u:** akg-images / euroluftbild. de | **S. 17 u:** Peter Palm, Berlin | **S. 19 u:** wikimedia commons | **S. 21 o:** Universitätsbibliothek Gießen, P. Gissinv. 15 | **S. 21 u:** Manuel Cohen / akg-images | **S. 23:** Kunstsammlungen und Museen der Stadt Augsburg, Römisches Museum, Foto: Andreas Brücklmair | **S. 25 o:** akg-images / Pictures From History | **S. 25 u:** akg / euroluftbild.de/Robert Grahn | **S. 29 o:** akg-images | **S. 29 u:** Nibelungenmuseum Worms / Stefan Blume | **S. 31 u:** akg-images | **S. 33 o:** akg-images (Castres, Bibliothèque Municipale) | **S. 35 u:** Peter Palm, Berlin | **S. 37:** akg-images / Alfons Rath | **S. 39 o:** Yvan Travert / akg-images | **S. 39 u:** Hervé Champollion / akg-images | **S. 41 o:** Staatsbibliothek Bamberg, Msc.Lit.1, fol. 126v | **S. 43:** St. Gallen, Stiftsbibliothek, Cod. Sang. 911 | **S. 45 o:** akg-images (Paris, Bibliothèque Nationale) | **S. 45 u:** akg-images / Bildarchiv Monheim | **S. 47 u:** akg-images / Werner Forman | **S. 49 o:** akg-images / Schadach | **S. 51:** bpk / RMN - Grand Palais / Hervé Lewandowski | **S. 53:** picture alliance / Arco Images GmbH / B. Liedtke | **S. 55 o:** akg-images | **S. 57 u:** akg-images / Erik Bohr | **S. 59 o:** akg-images (Paris, Musée national du Moyen Age) | **S. 59 u:** akg-images / Bildarchiv Monheim / Florian Monheim | **S. 61 o:** akg-images / Album / Joseph Martin | **S. 61 u:** akg-images / Florian Profitlich | **S. 63 o:** akg-images / De Agostini Picture Lib. / R. Carnovalini | **S. 63 u:** akg-images | **S. 65 o:** picture alliance / Klaus Rose | **S. 67:** akg-images / Dieter E. Hoppe | **S. 69 u:** Landesbibliothek Oldenburg, Cim 410 I, fol 6r | **S. 71** | **S. 71 u:** Yvan Travert / akg-images | **S. 73 o:** akg-images | **S. 75 o:** akg-images | **S. 77 u:** akg-images / Thomas Bartilla | **S. 79 o:** akg-images / British Library | **S. 81 o:** akg-images (Wien, Österreichische Nationalbibliothek) | **S. 81 u:** akg-images / Urs Schweitzer | **S. 83 o:** St. Annen-Museum/Fotoarchiv der Hansestadt Lübeck | **S. 83 u:** akg-images / Michael Teller | **S. 85 u:** akg-images (Heidelberg, Universitätsbibliothek) | **S. 89 o:** Archiv der Hansestadt Lübeck | **S. 89 u:** Deutsches Salzmuseum Lüneburg | **S. 91 u:** akg-images | **S. 93 o:** akg-images | **S. 95:** Stadtbibliothek im Bildungscampus Nürnberg, Amb. 317,2, f. 20v | **S. 97 o:** akg-images | **S. 97 u:** akg-images / Heiner Heine | **S. 99 u:** akg-images | **S. 101 u:** akg-images (Berlin, Sammlung Archiv für Kunst und Geschichte) | **S. 103:** Staatsbibliothek Bamberg, RB.Inc.typ.D.2, fol. XIX v. | **S. 105 o:** akg-images | **S. 107 u:** akg-images / British Library | **S. 109 u:** akg-images | **S. 111 o:** Stadt Regensburg | **S. 111 u:** akg-images | **S. 115 o:** akg-images | **S. 117 u:** akg-images | **S. 119:** akg-images / Dieter E. Hoppe | **S. 121 o:** akg-images (Berlin, Deutsches Historisches Museum) | **S. 121 u:** picture alliance / Beate Schleep | **S. 123 o:** akg-images / Bildarchiv Monheim | **S. 125 u:** akg-images (Nürnberg, Germanisches Nationalmuseum) | **S. 127 u:** akg-images (Weimar, Stiftung Weimarer Klassik) | **S. 129 u:** akg-images (Wolfenbüttel, Herzog August Bibliothek) | **S. 131 u:** akg-images (Berlin, Sammlung Archiv für Kunst und Geschichte) | **S. 133:** Ostpreußisches Landesmuseum, Lüneburg | **S. 135 u:** akg-images (Essen, Museum Folkwang) | **S. 137 u:** akg-images / De Agostini Picture Lib. / M. Seemuller | **S. 139:** akg-images / Erich Lessing (Versailles, Château et Trianons) | **S. 141 u:** akg-images | **S. 142 o:** akg-images (Berlin, Sammlung Archiv für Kunst und Geschichte) | **S. 142 u:** dpa – Report | **S. 145:** GRIMMWELT Kassel | **S. 147 o:** akg-images (Berlin, Sammlung Archiv für Kunst und Geschichte) | **S. 147 u:** akg-images / Bildarchiv Monheim | **S. 149 o:** akg-images / viennaslide / Harald A. Jahn | **S. 149 u:** akg-images (München, Stiftung Maximilianeum) | **S. 151 o:** akg-images | **S. 151 u:** akg-images / ALFRED PASIEKA/ SCIENCE PHOTO LIBRARY | **S. 153 u:** akg-images | **S. 155 o:** akg-images | **S. 155 u:** akg-images (Berlin, Deutsches Historisches Museum) | **S. 157 u:** picture alliance / Bildagentur-online / Ohde | **S. 159:** akg-images (Koblenz, Mittelrhein-Museum) | **S. 161 u:** akg-images | **S. 163:** akg-images / Bildarchiv Monheim | **S. 165:** akg-images (Berlin, Sammlung Archiv für Kunst und Geschichte) | **S. 167:** akg-images (Friedrichsruh, Bismarck-Museum) | **S. 169 u:** akg-images | **S. 173 o:** akg-images | **S. 175 u:** akg-images / WHA / World History Archive | **S. 177 u:** akg-images | **S. 179 o:** akg-images / Michael Teller | **S. 181 o:** akg-images | **S. 181 u:** akg-images / Dieter E. Hoppe | **S. 183:** akg-images | **S. 185:** akg-images | **S. 187 u:** akg-images | **S. 189 o:** akg-images / Universal Images Group / Tass | **S. 191 o:** akg-images / picture-alliance / dpa | **S. 191 u:** Hervé Champollion / akg-images | **S. 193:** akg-images | **S. 195:** akg-images | **S. 197 o:** akg-images | **S. 197 u:** Förderverein der Clara-Zetkin-Gedenkstätte e.V., Birkenwerder | **S. 199 o:** akg-images | **S. 201 u:** akg-images / Herbert Kraft | **S. 203:** akg-images / picture-alliance / dpa | **S. 205:** akg-images / picture-alliance / dpa | **S. 207 o:** akg-images / picture-alliance / dpa | **S. 207 u:** akg-images / Rainer Hackenberg | **S. 209 u:** akg-images / picture-alliance / dpa | **S. 211:** akg-images / Pansegrau | **S. 213:** dpa – Fotoreport / Miguel Villagran | **S. 215 o:** dpa – Report / DB Marcus Brandt | alle anderen Fotos: Bernd Imgrund.

DER AUTOR

Bernd Imgrund wurde 1964 in Köln geboren und mit Kölsch getauft. Er war Messdiener, totaler Kriegsdienstverweigerer und Redakteur eines Stadtmagazins. Seine rund 30 Romane und Sachbücher beschäftigen sich u. a. mit Kneipen, Tischtennis und der männlichen Psyche. Er schrieb eine Kulturgeschichte des Skatspiels („Das Skat-Lesebuch") sowie die Kneipen-Reisereportage „Kein Bier vor Vier". Im Theiss Verlag erschien bereits der erfolgreiche Band „101 deutsche Orte, die man gesehen haben muss".